上海 月份牌画家 图典

王伟戌　陈昌其／主编

上海人民美术出版社

英志　广民堂彦生青　岳云田曼康城良

王承　吴向袁王杨章华吴沈王顾顾忻召

见云　靓隋

生　梅　金
琳岚　唐湘雪霭　金戈金汆天金羊引唐
小尘白芳寒佳　慕启肇荻铭碧　张陈陈
青敏　碧石　维达　宋叔达

宇年森野
但夏李倪万谢殷张杭庞胡
杜康咏赖之悦光稑亦伯
李耕鸣光明宇英鹏洲
倪赖悦辉
谢殷张杭

周慕桥青先烦生陀禅清章悚梅铭逸鼎映翔
徐咏二深柏耦曼果雪琴少丁何梁陈胡
丁俞周赵郑徐杨李伯

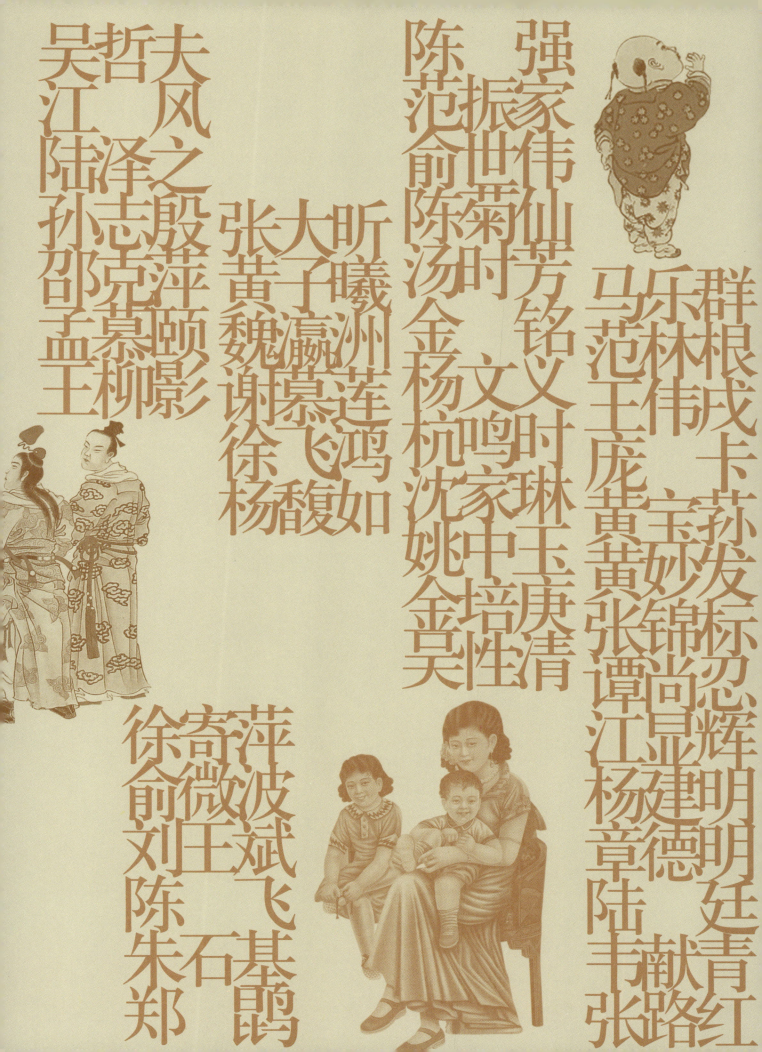

群根戌卡苏发标忽辉明廷
马乐林伟宝妙锦尚亚建青红
范王庞裹黄张谭江杨章陆德路
强家伟仙芳铭义时琳玉庚清丰张
陈振世菊时鸣文家中培性
范俞陈汤金杨沈姚金吴
昕曦洲莲鸿如
大子嬴慕飞
张黄魏谢徐杨馥
吴哲夫风之殷志克顿影
江陆泽孙邵萍慕
孟王柳
徐寄萍波斌飞基鹊
俞微王
刘陈朱郑石

序

月份牌诞生已百余年，旧时烟草公司、各大洋行、商家和报馆往往借之以为广告，中间是艳丽多彩的画幅，四周饰以日历及商品广告，集观赏性、实用性、商业性于一体。时月份牌画师辈出，炫异争奇。每逢岁暮年初，商家以月份牌馈赠主顾，甚受欢迎，是以风靡多年。我幼时常于街头巷尾见售卖月份牌的摊贩，各式摩登女郎画片尤为引人注目，令人驻足。

新中国成立后，月份牌失去商业广告内涵而被赋予新的政治意义，成为宣传新社会、新面貌的月份牌年画。老一辈的月份牌画家在党和政府的指导及教育下，以擦笔水彩技法描绘了欣欣向荣的社会主义的新气象，描绘了意气风发的工农兵的新形象，佳作颇丰。

1956 年，上海画片出版社成立了以三位老月份牌画家名字命名的画室，即之光画室、梅生画室、慕白画室。我从现代画室考进了梅生画室，师从金梅生先生学习月份牌年画技法，同时进入三个画室学习的还有沈家琳、马乐群、黄妙发、姚中玉、庞卡、范振家、张大昕、徐寄萍、陆泽之、黄宝荪、金培庚、范林根等人。我们成为新中国第一批月份牌年画作者，并以此为职业干了一辈子。德艺双馨的老师们对我们真心关爱、悉心教授，让我们受益匪浅。我们共同度过了那段令人难忘的光辉岁月，并将月份牌年画技法无私传遍全国各地。

如今，我们老师那一辈的月份牌画家都已先后离开了人世，同侪都已届耄耋之年，健在的所剩无几。而月份牌年画在 20 世纪末退出了人们的视野，如今已成为非物质文化遗产项目。追昔抚今，历经百余年的月份牌见证了上海这座大都市政治、经济、文化发展和变迁的轨迹，已成为海派文化的一个标识，近年也受到越来越多月份牌研究者和收藏者的关注。

我作为一名月份牌年画工作者，上海市非物质文化遗产月份牌年画代表性传承人之一，总想在有生之年为海派文化的传承尽一点微薄之力。在老友汪观清的建议下，我和同样对月份牌年画心怀眷念的陈昌其先生一起编了这本《上海月份牌画家图典》，意在将月份牌画家这个群体百余年间付出努力的成果聚集成典留传下去，让这块文化瑰宝永远留存于世！

王伟成

前言

月份牌是中国年画的一个特殊分支，是中国美术史上一朵历久弥香的艺术奇葩。它萌发于清末，盛行于民国，涅槃于新中国，以上海为中心风行百余年。月份牌见证了百年间时代政治、经济、文化领域发生的种种变迁，留存了大量美的记忆和珍贵的史料。

1840年鸦片战争以后，中国被迫开放通商口岸，上海以其独特的地理位置和地域文化成为最大的通商口岸。为了向中国大力倾销商品、抢占市场，外商将欧洲古典油画中的人物画、风景画等画片作为宣传广告，赠送给经销商和消费者。然而由于文化差异、历史渊源等各方面的因素，中国的消费者并不买账。这就迫使外商寻找新的、更有效的、中国消费者所喜闻乐见的广告形式。上海小校场木版年画中一种带有年历的"月份牌"画片进入了他们的视野，于是，他们试着用这种在中国有着悠久历史和广泛影响，并深受广大群众喜爱的"月份牌"叠加商品广告的形式来做商品宣传。

大量的外资在涌入上海的同时也带来了现代商业广告理念，外资的发展壮大刺激了民族资本的崛起，中外资本展开激烈的竞争，商业竞争的广告利器——月份牌广告画应运而生。西风东渐，西方新兴的石印、珂罗版、胶印等先进印刷技术和设备相继传入中国，西方美术教育体制和大众传播理念生根发芽，各类报馆、书局等出版机构如雨后春笋般创立，为月份牌这朵艺术奇葩的发展提供了合适的土壤。月份牌广告画的视觉效果生动丰富、艳丽夺目，迅速取代了小校场传统木版年画。印制精美的月份牌作为商业促销的广告赠品遍及各行各业，传播到全国各地甚至海外。

商业广告竞争的利器——月份牌广告画发端于上海，盛行于上海，当时从事月份牌创作的月份牌画家除广东的冯润芝、香港的关蕙农等几位画家外，其余全部在上海，上海成为月份牌画家的大本营。

最早被外国洋行争相以重金邀请去作画的中国人是周慕桥，他曾是上海小校场年画的名画家之一，《点石斋画报》和《飞影阁画报》的主笔。周慕桥能被选中是因他能"点啥画啥"，他主要以中国传统技法绘制传统题材月份牌广告画。与之同时期的月份牌画家还有赵藕生、李少章等。

1914年，郑曼陀于在上海首创将擦笔水彩技法用于月份牌广告画，从此，此技法成为月份牌广告画的主流绘画技法。郑曼陀的擦笔水彩时装美女月份牌，是以炭精粉先擦出轮廓与体积感，再以水彩敷色，利用水彩的透明渲染来造成皮肤逼真的质感。这就使画面人物立体感很强，面容白里透红，肌肤光洁细腻，这种细致柔嫩的质感是之前任何传统技法都无法达到及无可媲美的，被时人誉为有"呼之欲出"的迷人魅力。郑曼陀开风气之先，给人耳目一新之感，成为当时引领月份牌广告画风尚的名家，中外厂商争相向其订画稿，户限为穿，应接不暇。而郑曼陀每幅画稿的润资在 300 至 500 大洋，遂引起其他画家竞相效法。

与郑曼陀同时期的月份牌名家有徐咏青、丁云先、周柏生、丁悚、谢之光、张光宇、但杜宇、胡伯翔、梁鼎铭、倪耕野等。民国初期至 20 世纪 20 年代，英美烟草公司、南洋兄弟烟草公司和华成烟草公司等各大中外厂商的月份牌都是出自这些第一代月份牌名家之手。月份牌广告画的绘画技法在他们的不断创新中达到了新的高度，由此风靡全国。不仅是月份牌广告画，这些月份牌名家的美人画还包揽了当时各家画报杂志的封面。

月份牌广告画的内容除了宣传的商品和厂家外，起初大多是山水、仕女人物、戏曲故事等中国传统题材，后来则发展为以时装美女为主要形象。在月份牌广告画发祥地上海，美女月份牌素有"嗲甜糯嫩"之誉。月份牌中的美女，代表了当时审美的整体趋向与追求，可谓人们心目中的理想形象。

20 世纪 30 年代，以杭稚英、金梅生为领军人物的第二代月份牌名家把月份牌广告画中的女性形象塑造成了完美的化身，月份牌也达到了鼎盛时期。月份牌广告画中的美女形象是社会审美的真实写照，也反映了人们对世俗美好生活的向往。画中美女为珠圆玉润、明眸皓齿、柳眉凤眼的摩登女郎，个个清纯甜美，优雅性感，烫着时髦的卷发，身着最流行的时装，各色旗袍衬托出女性婀娜多姿的曼妙身段。她们享用电话、电扇、钢琴、唱片等最新潮的物品。她们抽香烟，驾驶摩托，打高尔夫球，骑马，游泳，划船，做着最时髦的消遣。她们是新风潮、新时尚的引领者。月份牌画家以其敏锐的观察力、对时尚的感知力、艺术的创造力、独具特色的艺术手法描绘出了大众憧憬的美女形象。

与杭稚英、金梅生同时期的月份牌名家还有何逸梅、金雪尘、李慕白、金肇芳、张荻寒、吴志厂、陈石青、袁秀堂、唐琳、张碧梧、杨俊生、唐铭生、王逸曼、王柳影、杨馥如、谢慕莲、黄子曦、章育青、忻礼良等。

杭稚英 1913 年考入商务印书馆，师从徐咏青学习中西绘画技法，后从事月份牌画稿绘制和商业美术设计工作，熟悉了广告设计、业务接洽、制版印刷等各个环节。1921年，他自立门户创立画室，专事月份牌创作和商品包装设计。1925 年，他邀师弟金雪尘加盟画室，1928 年同乡李慕白进入画室，约从 1930 年起，署名为"稚英"的月份牌，基本上都是李慕白画人物、金雪尘绘景、杭稚英整体润色而成。最鼎盛时，稚英画室拥有 20 多位画师，是沪上创作设计力量最强的广告设计机构。创立后的 20 多年间，稚英画室创作了千余幅月份牌广告画，令其他各画室望尘莫及，占据了月份牌广告画的"半壁江山"。

月份牌广告画于清末民初兴起，于20世纪30年代达到鼎盛；30年代后期，随着日本侵华战争的全面爆发，月份牌广告画也随着社会的动荡和经济的衰落而逐渐衰败。上海沦为"孤岛"后，众多月份牌画家满腔热血，纷纷以画笔为武器创作了如《木兰荣归》《岳母刺字》《鸣鼓抗金》《以一当十》等诸多反映民众抗日救国热情的作品，积极引导和宣传抗日救国的精神。许多月份牌画家面对日寇的威逼利诱，拒绝绘制宣扬"东亚共荣"的宣传画片，纷纷另谋出路，艰难度日。

抗日战争胜利后，虽然经济有所复苏，但由于社会动荡不安、物价飞涨，月份牌再不复往日盛况，到新中国成立前，已如明日黄花，日渐凋零。

1949年，新中国成立。自清末至民国时期风靡70余年而渐渐式微的月份牌进入新的历史时期，彻底摆脱了商业属性和内涵，由"月份牌广告画"转变成了富有政治宣传功能的"月份牌年画"，在一场轰轰烈烈的新年画运动中浴火重生、凤凰涅槃。

新政权建立后，百废待兴。党中央和中央人民政府对宣传出版工作高度重视，先后下发了《关于开展新年画工作的指示》《关于加强对上海市私营美术出版业的领导，消除旧年画及月份牌画片中的毒害内容的指示》等重要指示，确立了新中国年画艺术的基本发展方向。

上海市政府根据实际情况对出版业进行了一系列渐进式的管控和改造。通过几年的时间，以公私合营的模式，将原来利益分散的私营企业集中到统一的发展路径上，将上海年画的出版和发行权纳入了统一管理之下，1954年9月成立的上海画片出版社成为主营年画的出版机构，同时建立了以新华书店为首的国营发行体系。而对从民国时期过来的老月份牌画家，有关部门采取两种途径分流安置，一部分（26人）被上海画片出版社聘为"特约作者"，得以继续创作和出版美术作品，另一部分被安排其他社会途径就业。稳健的政策保障了老画家们的生存问题。除了生活上的照顾，更重要的是对月份牌画家进行政治思想教育，主管单位和出版社通过开会、组织学习班，结合形势和重要文件学习研究专业创作，提高月份牌画家的思想觉悟，逐步确立为人民服务的艺术创作目标。

为了月份牌这个画种的延续与发展，培养上海月份牌年画接班人，上海画片出版社推出一个重大举措，于1956年成立了以三位老月份牌画家名字命名的画室：之光画室、梅生画室、慕白画室。画室学员既有出版系统的人员，也有选自上海各私人画室的佼佼者。老一代月份牌画家精心传授，培养出了沈家琳、王伟戎、马乐群、黄妙发、庞卡、姚中玉、徐寄萍、张大昕、范振家、范林根、金培庚、黄宝荪等一批优秀的第三代月份牌画家。

此外，由美术院校毕业进入出版社的陈菊仙、吴性清、张锦标、刘王斌等也成为年画创作的中坚力量。

1958年8月，上海画片出版社并入上海人民美术出版社，标志着党和政府对上海年画的引导逐步走向专门化、制度化。以月份牌为核心的上海年画艺术走上了发展的巅峰，产生了全国性的深远影响。20世纪五六十年代，在"百花齐放，推陈出新"文艺方针指导下，上海月份牌年画阔步向前，新老月份牌画家紧跟时代的步伐，运用娴熟的月份牌擦笔水彩技法努力创作反映新时代劳动人民感情的作品，取得了可喜的成绩，涌现出一大批受到广大城乡群众欢迎的作品，如金梅生的《菜绿瓜肥产量多》《冬瓜上高楼》、李慕白的《老鹰捉小鸡》《哪吒闹海》、金雪尘的《武松打虎》、谢之光的《农女新装图》《洛神》、张碧梧的《养小鸡 捐飞机》《百万雄师渡长江》、杨馥如的《庄稼壮大娃娃胖》、张大昕的《咯咯鸡》、章育青的《上海大世界》、忻礼良的《姑嫂选笔》、沈家琳的《做共产主义接班人》、王伟戎的《我们敬爱的毛主席》……优秀作品举不胜举。许多年画作品年年再版，一幅作品印数动辄百万，金梅生的《白娘娘与许仙》连年再版，印数达1.6亿张。就当时全国年画的总发行量而言，上海月份牌年画要占75%以上，上海月份牌再次进入鼎盛时期。

"文革"期间，月份牌年画被认为是"资产阶级""封资修"的产物而遭批判、销毁，老画家搁下画笔，出版社的年画作者去干校劳动……月份牌年画进入低谷。

"文革"后期，1973年进入上海人民美术出版社的章德明、陆廷、张路红、杨建明、韦献青成为第四代月份牌年画的新生力量。

"文革"结束后的1976年至1982年，上海月份牌年画的出版和销售出现了井喷式的大发展。城乡群众对久违的年画翘首以盼，年画供不应求。全国每年年画发行量达3亿张，有的地方竟出现喜庆年画凭结婚证购买的现象。

20世纪80年代后，随着改革开放和社会主义市场经济体制的实行，生活居住环境改善，视觉文化多元化，摄影挂历流行，电视机普及……诸多因素致使年画出版销售量逐年减少，至1990年左右，年画完成了历史使命，逐渐离开了人们的视野。

从晚清时期起至20世纪90年代，月份牌从诞生、兴盛到式微的百余年间，见证了上海都市的社会变迁，记录了时尚风潮的变换和世俗社会的风情。今天，人们真正认识到它的史料价值和艺术价值，却发现存世的资料已十分匮乏和稀缺，因此愈发显得弥足珍贵。

在新中国成立之前，月份牌因涉及工商业而被正统美术界轻视，被斥为"媚俗"。新中国成立初期，美术界对月份牌仍存有偏见，在美术年鉴和美术家传略中鲜有谈及月份牌画家。然而，月份牌是一种雅俗共赏的通俗美术形式，除它之外，没有其他任何一种美术形式能像它那样融入千家万户，其流传之广、影响之深远非其他美术形式所能比拟。

如今，月份牌已成为海派文化的一个标识，是上海市非物质文化遗产项目。月份牌画家沈家琳、马乐群、王伟戌、黄妙发、陈强、杭鸣时、韦献青、杨建明、金培庚被认定为上海市非物质文化遗产月份牌年画代表性传承人，多年来在上海市美术家协会的领导下做了大量的传承工作。

20世纪90年代以来，月份牌受到更多的专家和收藏家的重视和追捧。张信哲、张燕凤、宋家麟、赵琛、高建中、杨培明、张文标等都已是卓有成就的月份牌收藏家。林林总总的专著和文章对月份牌这朵中国近现代美术史上的艺术奇葩的历史性、艺术性、文献性价值给予了充分的肯定，对这些为中国近现代美术史做出重要贡献的月份牌画家给予了肯定和正名。但月份牌实物和资料由于历经岁月的变迁而存世稀少，给相关研究带来了相当大的难度，因此，有些信息的表述难免会出现谬误或人云亦云的现象。

如今第一代、第二代的月份牌画家早已离世，第三代月份牌画家都已是耄耋之年，健在的已凤毛麟角，就连知情的画家后人往往也已届高龄，资料的抢救刻不容缓、势在必行。

这本《上海月份牌画家图典》的编印，旨在为月份牌画家正名，为月份牌的收藏、研究和传承助力。本图典史料力求准确，画家收录尽可能做到应收尽收，但由于年代久远，历史文献、存世作品匮乏，必定有所疏漏，有待研究者和知情者继续发掘，逐步完善。

凡例

一、月份牌外延界定。（1）带有年历、商品广告或商号名称的画片，或者只有商品广告或商号名称的画片，不论其绘制技法是国画还是西画，都称之为月份牌。（2）因为擦笔水彩技法为月份牌主要绘制技法，所以，凡是以擦笔水彩技法绘制的画片，即使没有年历、商品广告或商品名称，也约定俗成地称之为月份牌。

二、地域和时间范围界定。本书所称上海月份牌画家，是指清末至 20 世纪 90 年代出生或生活在上海，从事过月份牌创作的职业画家。

三、本图典收录上海月份牌画家 99 人，收录内容包括画家的照片、艺术简历以及精选的存世月份牌作品。

四、本图典所收录画家在书中出现的前后次序，以出生年份为依据，按照由远及近的顺序排列，出生年份相同的，以姓氏的音序为标准排列。其中，金雪尘和李慕白两位画家大部分作品都是合作创作，故在排列时把他们排在了一起。部分生卒年不详的画家，依据艺术简历、月份牌作品的创作年份、出版年份或相关知情人士提供的信息进行评估后放在预估年份的末尾，当同一预估年份有多位画家时，同样以姓氏的音序为标准排列。当出生年份、姓氏均相同时，以姓名第二个字的音序为标准排列，依次类推。

五、本图典所收录月份牌作品标注的年份为当前所用图片所标注的出版年份或所选作品的创作年份。

目录

序

前言

凡例

琵琶本是尋常韻纖指
揮來便有情 庚子仲秋夢華

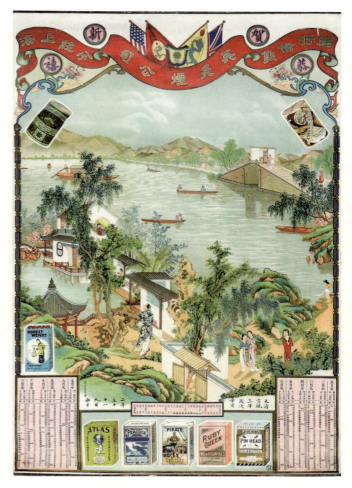

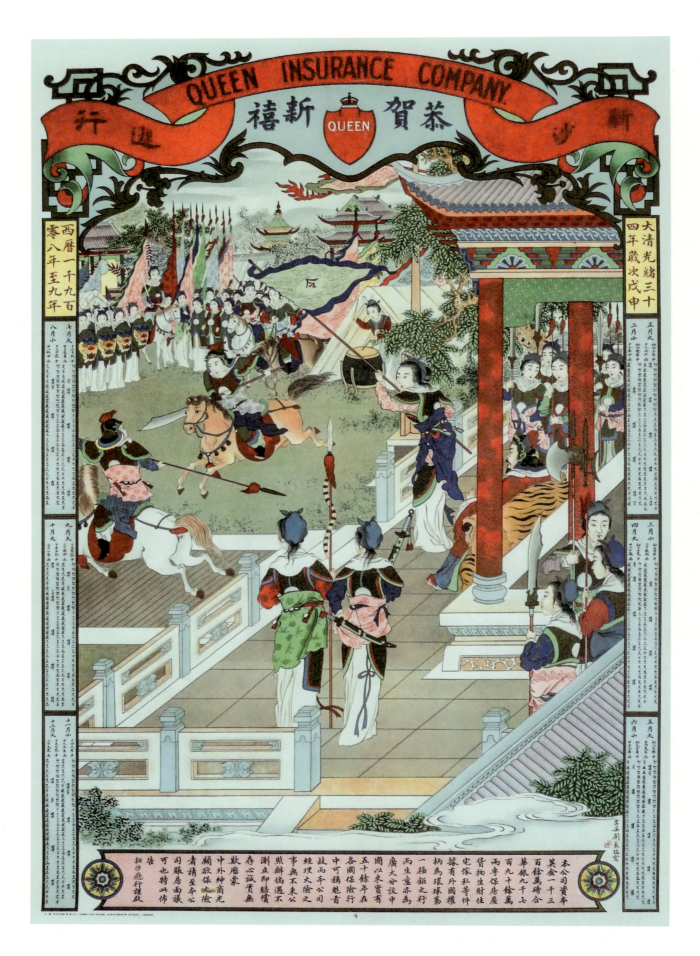

新沙逊洋行广告　周慕桥 / 1908 年

英美烟草公司广告　周慕桥 / 1914 年

徐咏青 （1880—1953）

上海松江泗泾人。擅长水彩画和油画。幼年失去父母，1893年进入同属徐家汇天主教堂的土山湾画馆，师从刘德斋等教士学习西洋画。1898年毕业后继续在画馆从事插图创作、装帧设计工作。1910年，在上海四马路（今福州路）开设私人画室，承接各式绘画业务。1913年起主持商务印书馆图画部，教授的练习生有何逸梅、杭稚英、金梅生、金雪尘、李咏森、戈湘岚、张荻寒等，向他们传授素描、水彩画和油画技法。同时，受聘于图画美术院（上海美术专科学校前身），教授西洋画。其间，画了大量铅笔素描和水彩画稿作为中小学生图画课临摹课本，由商务印书馆和有正书局出版。日寇入侵上海后，携家眷去香港，继续教授西洋画。抗日战争胜利后，一度返沪暂居，后迁居青岛。徐咏青长于画风景月份牌，被誉为"中国水彩画第一人"，也曾与郑曼陀合作月份牌广告画，进行补景。月份牌广告画代表作有《深山古刹》《杭州灵隐寺》等，出版有《水彩画风景写生法》等。

1 | 2　1.韦廉士医生药局广告　徐咏青 /1925

2.《时报》创刊十周年纪念广告　徐咏青 /1914 年

1. 虎丘图　徐咏青 /1924 年

2. 净因慧业图　徐咏青（上）、郑曼陀（下）/20 世纪 20 年代

3. 杭州灵隐寺　徐咏青 /1925 年

4. 深山古刹　徐咏青 /1924 年

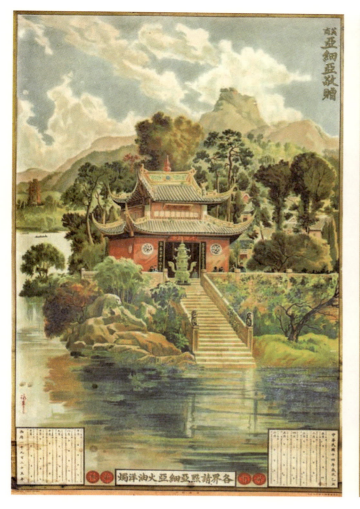

丁云先 （1881—1946）

名鹏，字云先，浙江绍兴人。是一位擅长国画、烟画、月份牌广告画的画家。幼年曾学过国画、人像画，并师从一位在商务印书馆工作的日本画师学习西洋水彩画。曾在上海创办惟妙轩画室。擅长画古装人物，曾经创作过许多月份牌广告画及香烟牌子，以古装仕女为主，工仕女、翎毛。作品人物造型准确，性格鲜明，色彩淡雅，题材有八仙、七十二贤、一百零八将等，是一位多产的月份牌画家。1917年，月份牌广告画《春暮凭栏》在广州东雅印务有限公司征集月份牌广告画的评选中名列榜首。20世纪20年代，受聘于南洋兄弟烟草公司，为其绘制了不少月份牌广告画。丁云先还是最早为张裕葡萄酒公司绘制月份牌广告画的画家。

昭君出塞　丁云先 /1911 年

　1. 红宝石皇后牌香烟广告　丁云先 /1920 年

　　　　　　2. 八仙醉酒图　丁云先 /1925 年

俞涤烦 (1884—1935)

名明，字涤烦、涤凡、镜人，浙江吴兴（今属湖州）人。清末民初画家。幼年曾在上海学习水彩画，是我国最早接触西画的画家之一。因叔父俞原的关系，于沪上结识了褚德彝、吴昌硕、金城等人，绘画技艺日益精进。后专学陈洪绶、任伯年的人物画。后来，接受金城北上京城之邀，在故宫古物陈列所临摹了大量前人佳作，从李公麟、钱选等人的作品中吸收营养，由此形成了独特的人物画风格。尤善画仕女，笔墨沉着，意境清雅。1915 年，在开新社举办的月份牌画稿征集评选中与周柏生、胡伯翔并列第三名。1915 年至 1916 年，为《小说新报》绘制封面美人图。其月份牌广告画目前尚未见留存，但存世的杂志封面美人画足见其绘画功力。

倚椅小立图　俞涤烦／1915 年

周柏生 （1887—1955）

又名周桐、周锆，江苏常州武进人。父亲周彬系常州画派画家。周柏生幼年随父学画，后拜常州画派领军人物黄山寿为师，深得恩师画学精髓，人物、山水、花鸟、走兽无一不精。后定居上海，以绘月份牌广告画闻名于世，是月份牌画坛元老级画家。1915 年起，陆续为《时报》《申报》绘黑白仕女画，并多次为《小说丛报》《滑稽时报》《中华小说界》《红玫瑰》等杂志绘制封面美人画。1917 年，入南洋兄弟烟草公司广告部，为该公司及华成烟草公司、华美烟草公司绘制月份牌广告画。1927 年 7 月，创办柏生绘画学院，招收学员，除一般绘画教学外，设有月份牌特科，以培养月份牌广告画人才。周柏生对中国传统文化领悟颇深，中西绘画技法融会贯通，所绘月份牌广告画有中国神话故事、民间传说、古装仕女、婀娜多姿的时装美女，亦有反映中华传统伦理道德的作品，如《孟母戒子》《精忠报国》《朱子格言》《二十四孝图》等。

英美烟草公司广告　周柏生 /20 世纪 20 年代

双妹试妆图　周柏生 /20 世纪 20 年代

卜内门肥田粉广告　周柏生 / 20世纪二三十年代

1 | 2 | 3

1. 惜春绘大观园图　周柏生 /20 世纪 20 年代

2. 四景之一（春景）　周柏生 /1915 年

3. 黛玉葬花　周柏生 /1939 年

赵藕生 （1888—1944）

江苏吴县人。擅长历史人物画，亦擅长山水画。师从陆廉夫、倪墨耕、潘稼梅学国画，又与张聿光一道于法国画家鲁道夫处学习素描与色彩，是以中西画理融会贯通，名噪一时。初与周慕桥等早期月份牌画家齐名，曾兼任《申报》插画记者。月份牌广告画以《三国演义》和神话故事为主，代表作有《礼义廉耻》《八仙戏雀图》《张飞挑灯夜战马超》等。曾出版精印线装画谱《百样姿态美人活动写真》（又名《百美图》），江都李涵秋作序，影响广泛，展示了民国初期妇女的服饰妆容、百样姿态。五四运动时期，还以月份牌技法画过表现女学生形象的《学潮》。赵藕生不仅作画，还于 1921 年创立琴鹤轩画馆，教学收徒，姚吉光为其高足。

张飞挑灯夜战马超　赵藕生 /1925 年

郑曼陀 （1888—1961）

名达，字菊如，笔名曼陀，出生于浙江杭州，由在杭州经商的安徽歙县籍养父母抚养成人。曾在杭州育英书院学习英语，后因养父病逝家道中落而辍学。早年师从王姓民间画师学画人像，后到杭州设有画室的二我轩照相馆专门承接人像写真。1913 年赴上海谋生，率先将擦笔水彩绘画技法用于月份牌广告画的绘制，一鸣惊人，成为享誉海上画坛的里程碑式的月份牌名家。中外厂商争相向其订画稿，户限为穿，应接不暇。至 20 世纪 30 年代，陆续创作了《晚妆图》《杨妃出浴图》《梅边倩影图》等描绘历史人物和摩登女性，脂粉气极浓的作品百余幅。30 年代后期，很少再画月份牌广告画，拜师另学国画，且十分勤奋。1938 年，携夫人与儿子移居成都，靠卖画为生。1948 年返回上海。1956 年被聘为上海市文史研究馆馆员，同年移居北京与女儿共同生活。1961 年 11 月 10 日，在家中安详去世，中国美术家协会的悼词中说他"始创月份牌，多所建树，有独特贡献"。

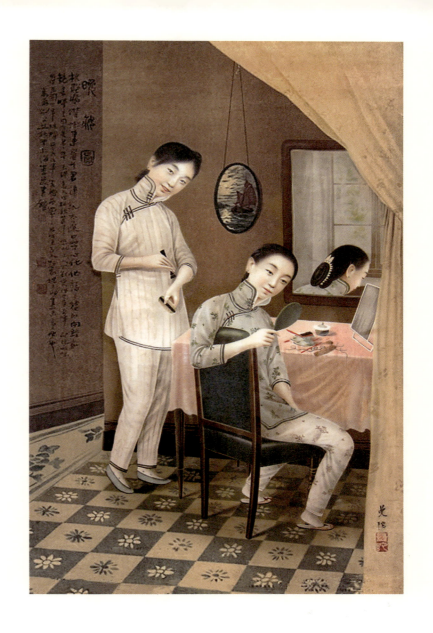

晚妆图　郑曼陀／1914 年

$\dfrac{1}{2}$ 3

1. 香港福安人寿水火保险兼货仓有限公司广告
　郑曼陀 /1919 年
2. 和兴公司广告　郑曼陀 /1923 年
3. 南洋兄弟烟草公司广告　郑曼陀 /1923 年

1│2│3

1. 梅边倩影图　郑曼陀 /1921 年

2. 上海喊厘洋行水险部广告　郑曼陀 /1925 年

3. 浙江宝成银楼广告　郑曼陀 /1931 年

徐果禅

生卒年不详。1931年在《申报》刊登的广告中自称"鄙人精究木炭、水彩、油彩、墨水各种肖像传神等迄今卅年""画像不下数万余件",以此推算其出生年份应在1890年之前。

20世纪20年代,在上海望平街开设的二我轩写真馆任画像主任,从事肖像和月份牌画稿绘制工作。1931年,因内部分歧另起炉灶,另设真我轩于望平街有正书局隔壁。1932年8月,在上海振华油漆公司征集"飞虎牌"油漆广告画的评选中获得第二名。1933年3月15日《申报》报道:"新制六面画发售,特价。六面画足以启发儿童智慧,又饶有兴趣,为玩具中之上品。商务印书馆最新增出两组:一为军事组,描写十九路军抗敌之勇猛情况,极为生动;一为动物组,取材于儿童习见习闻之动物。画稿均为名油画家徐果禅之手笔。用本国珊瑚笺七色精印,装潢华丽,为国产玩具中所仅见。"

唐明皇游月宫　徐果禅 /20 世纪 30 年代

唐明皇遊月宮

上海英組祥五彩石印正美衛分司發行
PRINTED BY CHENG-HSING CO., SHANGHAI CHINA

1. 八仙上寿　徐果禅 /20 世纪 30 年代

2. 水泊梁山一百零八将全图　徐果禅 /20 世纪 30 年代

梁雪清 （1890—?）

女，广东顺德人。自幼喜爱绘画，是民国时期著名画家梁鼎铭的姐姐、音乐家方秩之的妻子。与梁鼎铭，孪生兄弟梁又铭、梁中铭，弟媳盛守白被世人称为"梁家五杰"。曾为英美烟草公司绘制月份牌广告画和进行广告设计，是为数不多的女月份牌画家之一。她还在友联影片公司从事布景设计和绘制工作。1927 年参加国民革命运动，任国民革命军总司令部政治部宣传科艺术股股长。1929 年至 1935 年任《文华》图画月刊美术编辑。梁雪清除美术外还擅长唱歌，嗓音清脆婉曼，曾为筹集水灾赈灾款在南京中央大会堂清歌一曲，博人钦仰。

《文华》图画月刊封面　梁雪清 /1929 年

文華

葉楚傖題　第一期

中華民國十八年八月

雪清

The Culture Arts Review
Wen Hwa Fine Arts Press Ltd.
307 Miller Road
Shanghai
No.1
1929
August

上海文華美術圖書印刷有限公司發行所

杨琴声 (1890—?)

上海人，生平不详。《俭德储蓄会月刊》1921年第3卷第5期曾登载其摄影照片《赤山远跳》。1929年，画家杨左匋为杨琴声画了一幅人像速写，刊登在《文华》图画月刊上。从杨琴声1915年为英美烟草公司绘制的月份牌广告画可以看出，画面色彩艳丽、构图饱满，人物造型准确逼真，足见其绘画功力深厚。

英美烟草公司广告　杨琴声 /1915 年

李少章

生卒年和生平不详。民国时期月份牌画家，主要以工笔人物绘制传统题材月份牌广告画。

崔屏中选　李少章 /1930 年

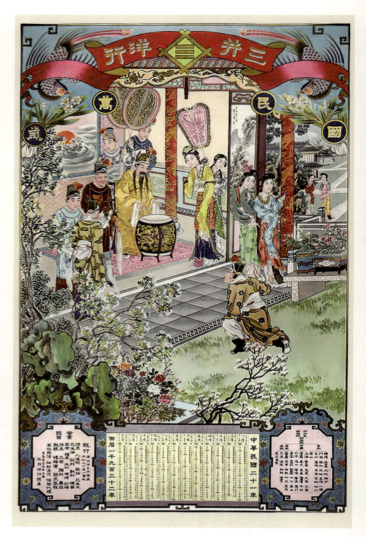

1 | 2 | 3

1. 三井洋行经理水火保险公司广告　李少章 /1924 年
2. 三井洋行广告　李少章 /1932 年
3. 东棉洋行广告　李少章 /1927 年

丁悚 （1891—1969）

字慕琴，浙江嘉善枫泾（今上海金山枫泾镇）人。上海市文史研究馆馆员。幼年去上海老北门昌泰当铺当学徒。师承周湘，初攻西画，善素描，继研习国画。1913 年，受聘于图画美术院（上海美术专科学校前身），任教务长。后历任上海美术专科学校、同济大学、晏摩氏女中、神州女学、进德女中等校绘画教师。曾受聘于英美烟草公司广告部，从事香烟招贴画、月份牌广告画的绘制工作。1913 年起，先后为《游戏杂志》《香艳杂志》《礼拜六》《女子世界》《心声》等杂志绘制封面，并为《申报》《新闻报》《神州日报》等重要报刊画插画，还兼任《上海画报》《健康家庭》等刊物的编务。他的时装美女画集《丁悚百美图》《上海时装百美图咏》《红闺腻友图》曾风靡一时，引领社会风尚。丁悚是上海 20 世纪二三十年代的著名画家，上海漫画界、摄影界的中心人物和组织者，是一位跨界艺术大师，为中国早期的漫画事业做出了重要贡献。

美女四条屏之一　丁悚画人物，张光宇补景 /1925 年

丙寅夏六月丁悚畫

何逸梅 （1894—1972）

号明斋，江苏吴县人。著名月份牌画家，上海市文史研究馆馆员。何逸梅是商务印书馆图画部第一批练习生之一，学习刻苦用功，中国画和西洋画均擅长，还擅长工商美术设计，深得老师徐咏青器重。1915年，徐咏青辞职离开商务印书馆图画部后，该部门实际由何逸梅主持。何逸梅画风细腻，人物造型生动，色调清新柔和，最宜绘制月份牌广告画，沪上各大厂商都重金约他创作。1925年，香港永发公司以高薪聘他去画月份牌广告画，艺术地位与当时香港的"月份牌大王"关蕙农比肩。1941年日军攻占香港后返回上海，在稚英画室从事月份牌广告画创作和工商美术设计工作。1954年，被聘为上海画片出版社特约作者。1958年，上海画片出版社并入上海人民美术出版社，转而被聘为上海人民美术出版社特约作者。创作了许多中西融合、笔法老练的月份牌年画，如《百鸟图》《金鱼屏》《四季花鸟屏》《十二月花屏》等，既极具月份牌年画色彩鲜艳、明快的特色，又富有中国工笔花鸟画的韵味。

$$\frac{1}{2}$$

1. 课余牧羊图　何逸梅 /1959 年

2. 伯乐相马　何逸梅 /1979 年

课余牧羊图

Пасти баранов после урока

伯乐相马

四季花鸟屏(一)   四季花鸟屏(二)   四季花鸟屏(三)   四季花鸟屏(四)

金鱼屏   金鱼屏   金鱼屏   金鱼屏

$\frac{1}{2}$ 1. 四季花鸟屏   何逸梅 /1980 年

2. 金鱼屏   何逸梅 /1984 年

健康长寿

健康长寿　何逸梅/1981 年

梁鼎铭（1895—1959）

字协荣，广东顺德人，出生于江苏南京。中国现代画家。自幼喜爱绘画，初学西画，后亦学中国画，尤善画虎。曾供职于英美烟草公司，绘制月份牌广告画。1925年，与胡伯翔、丁悚、张光宇、万籁鸣等在上海创立天化艺术会，其兄弟梁又铭、梁中铭亦善绘事，也是该会会员。1926年，受聘于广州黄埔军校，主编《革命画报》，绘《沙基血迹图》。1929年，奉命赴欧洲考察美术。1931年，在南京绘《惠州战迹图》。后历任军校教官、军事委员会设计委员等职，少将军衔。曾建造画室，创作关于惠州、济南、庙行、南昌四大战役的历史画，自署战画室主。梁鼎铭是中国战争题材历史画的先行者，"当时即饮盛誉，海内莫不知梁君我国唯一史画家矣"。1948年迁居台湾，1959年病逝。

吕布与貂蝉　梁鼎铭／1925年

1 | 2

1. 虞美人舞剑图　梁鼎铭 /20 世纪 20 年代
2. 柳荫扑蝶图　梁鼎铭 /20 世纪 20 年代

陈映霞 (1896—1966)

原名应铺，号凡千居士，江苏常熟虞山人。出身书香门第，其家植丹桂一株，会放五瓣六瓣花，瓣大如梅，心喜而异，因别署六品丹桂轩主人。幼年喜爱绘画，就读于上海江苏省立第一商业学校时就有作品被一家大商店买去，从此以后更醉心于艺术。1918 年毕业后，母校便留他担任美术科教师多年。1924 年和 1926 年，先后被上海清心中学、上海女子文学专门学校和上海中华女子中学聘为图画教授。陈映霞多年从事美术教学工作，"他教学的成绩，可说与专门学校并驾齐驱。在外展览，屡次获赏，其对艺术教育之苦心，于此可见一斑。"

陈映霞擅长中国画，亦致力于西洋画，家藏古书画甚多，又不惜重资购辑欧洲各国名画复制品，为数亦巨，潜心钻研。从 1921 年起，他就为《解放画报》《时报·图画周刊》《申报·自由谈》《紫罗兰》等报刊绘制时装美女封面和插画。他所画的仕女，妩媚多姿、亭亭玉立，笔致高雅绝俗，用色古朴艳丽。1923 年，出版以海上百位绝色佳人为范本精心绘制的画集《映霞新妆百美图》，被誉为艺术界空前未有的美术精品。他的美女月份牌亦深受商家和社会各阶层的喜爱。陈映霞与当时上海的名画家丁悚、杭穉英、谢之光、庞薰琹关系甚密，时常共同切磋；又经常与常熟虞山书画家沈重烟、濮康安、唐瘦青、陈青野等品茶谈艺。晚年回家乡虞山后耳聋，素有"陈氏聋子"之雅号。

胡伯翔 (1896—1989)

名鹤翼，别署石城翁，出生于江苏南京。中国美术家协会会员，上海市美术家协会会员，上海中国画院画师。父亲胡剡卿为著名国画家。1913年随父来沪，以绘画为业，画以山水为主，也作人物、走兽。作品曾受到吴昌硕、王一亭、程瑶笙等前辈赞许，与吴昌硕结为忘年交。1917年，被英美烟草公司重金聘为画师，绘制了多幅月份牌广告画，无论是历史故事画还是时装美女画，均为上乘之作，享誉沪上。胡伯翔还是中国早期摄影的开拓者之一。1928年，与郎静山、黄伯惠、陈万里等人一起组织中华摄影学社，简称"华社"。1930年，组织中国美术刊行社，创办《中华》图画杂志。1931年秋，自费创办《中华摄影杂志》，并组织多次摄影作品展览。20世纪40年代，受聘任家庭工业社总经理，开始从事实业，热心提倡国货、救助难民，成为上海著名实业家。

英美烟草公司广告　胡伯翔 / 1930年

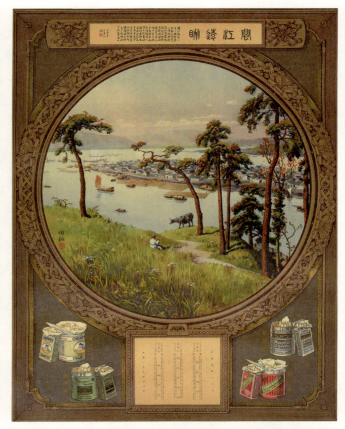

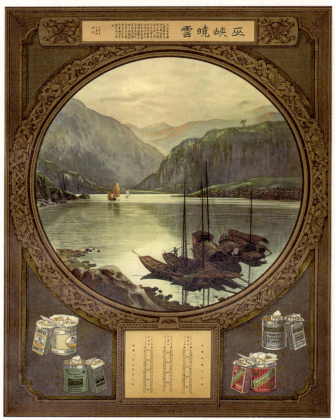

1	2
3	4

1. 龙华春色　胡伯翔 /1928 年

2. 闽江远眺　胡伯翔 /1928 年

3. 巫峡晓云　胡伯翔 /1928 年

4. 燕郊霁雪　胡伯翔 /1928 年

红宝石皇后牌香烟广告　胡伯翔/1930 年

1 | 2　　1. 香风暗透薄罗裳　胡伯翔 /1930 年

2. 我见犹怜花见羞　胡伯翔 /1936 年

1 | 2　　1. 曹操煮酒论英雄　胡伯翔 /1931 年

　　　　　2. 虢国夫人　胡伯翔 /1935 年

但杜宇 （1897—1972）

原名祖龄，号绳武，祖籍贵州广顺，出生于江西南昌。早年丧父，家道中落，13 岁时偕母亲到上海。1916 年从上海图画美术院（上海美术专科学校前身）毕业后，以画仕女月份牌和替报刊画封面、插画为生，曾出版《百花图》《春艳写影》《杜宇百美图》等画集。1919 年，出版了漫画集《国耻画谱》，漫画以揭露帝国主义侵华的罪恶行径为主要内容，是中国第一部个人漫画专集。由于喜爱摄影和电影，1920 年 6 月成立上海影戏公司，一人统揽编导、摄影、冲洗和剪辑。但杜宇是独具美术才能的中国电影的开拓者，其编导或导演的 30 余部各种类型的电影作品，以"美"为表现中心，融画入影，在一定程度上提升了中国早期电影的艺术水准，为民族电影的发展做出了应有的贡献。1937 年，与妻子殷明珠迁居香港，后辗转桂林、贵阳等地，以卖画度日。1954 年，退出影坛，开始为《星岛日报》创作讽刺画。

仕女图　但杜宇 /1916 年

夏康年 （?—1927）

出生年份不详，出身浙江嘉善望族。父亲善绘神佛像，胞弟夏荷生系弹词名家（人称"描王"）。夏康年为民国早期商业美术家，曾由丁悚介绍入英美烟草公司广告部工作几年。据报刊记载，1925年，曾与丁悚等受聘于上海求新广告公司，从事月份牌广告画绘制及商标设计工作；亦曾为途行广告公司绘制灯彩广告。1926年，与李毅士、郑曼陀、丁悚、张光宇、殷悦明等为上海美术供应社绘制月份牌广告画和各类广告招贴画；同年，《国货评论》第二期刊登梁鼎铭、张光宇、丁悚、夏康年等人绘制的插画和胡伯翔的封面画。1927年因病去世，时逢北伐军自闽入浙，沪杭交通中断，家人无法来沪，丁悚等好友代为料理丧事。

兰闺试鞋图　夏康年 /20 世纪 20 年代

李咏森 （1898—1998）

亦名永森，江苏常熟人。中国美术家协会会员，上海市文史研究馆馆员，曾任上海市美术家协会理事。曾参与发起创立上海水彩画研究会和上海粉画学会，并分别担任名誉会长。精于水彩画，风格写实写意兼容，兼长工商美术设计和粉画。1920 年考入商务印书馆图画部，师从徐咏青学习水彩画。1921 年起，先后为《礼拜六》《社会之花》《太平洋画报》等杂志绘制多幅封面美女画和插画。1928 年，进入中国化学工业社从事美术设计工作，亦绘制月份牌美人画，并同时进行西画风景写生和创作。抗日战争胜利后，受聘任苏州美术专科学校沪校主任及水彩画教授，后任该校副校长。新中国成立后留居上海，1953 年后曾任上海轻工业局日用化学公司美术设计组组长。1959 年，任同济大学建筑系水彩画教授，同时协助筹建上海轻工业学校造型美术专业，并兼任上海市美术专科学校国画系、油画系、工艺美术系教授。1962 年始退居在家从事艺术创作。1988 年，与夫人邵靓云于上海美术馆举办双人画展，并将展出作品中的一部分捐献给上海美术馆，获得上海市文化局奖状。

时装仕女　李咏森 /20 世纪 30 年代

明星艳影屏　李咏森 /20 世纪二三十年代

倪耕野 （1900—1965）

别名友迁，上海崇明人。擅长广告画。曾在广东十八浦东亚公司、香港永发公司从事制版工作，后任职于颐中烟草公司广告部、英美烟草公司广告部，为英美烟草公司设计"哈德门"等香烟广告，同时也为启东烟草公司等绘制月份牌广告画。倪耕野在近代广告画家中算是出道较早的，20世纪二三十年代就创作出许多令人称道的月份牌广告画并流传至今。新中国成立后，历任上海彩印图画改进会绘图员、世界舆地学社绘图员、上海教育出版社职员，1960年被聘为上海市文史研究馆馆员。月份牌年画作品有《欢呼和平》等。

哈德门香烟广告　倪耕野/1928年

哈德门香烟广告 倪耕野 /1928 年

1 | 2　1. 永泰和烟草公司广告　倪耕野 /1928 年

2. 永泰和烟草公司广告　倪耕野 /1932 年

永备牌手电筒电池广告　倪耕野 /1936 年

1 | 2 | 3   1.哈德门香烟广告　倪耕野 /1928 年

2.恶顿公司烟丝广告　倪耕野 /1939 年

3.欢呼和平　倪耕野 /1954 年

歡呼和平

万籁鸣 (1900—1997)

号籁翁，艺名马痴，江苏南京人。著名导演，中国动画电影创始人，上海市文史研究馆馆员，曾任中国电影家协会第三届、第四届理事。幼时自学绘画。1919年入商务印书馆，先后在美术部、活动影戏部任职，绘制月份牌广告画。1920年起，陆续在《世界画报》、《小说月报》、《孔雀画报》、《三日画报》、《良友》画报等杂志发表时装美女画、装饰画和时事漫画。1925年，与孪生兄弟万古蟾摄制动画广告《舒振东华文打字机》，为中国动画片之雏形。1926年，加盟长城画片公司，兄弟合作摄制了第一部动画片《大闹画室》。1935年，万氏兄弟制作了中国首部有声黑白动画片《骆驼献舞》。1940年至1941年，万氏兄弟制作了中国首部有声动画长片《铁扇公主》。1946年去香港，1954年回到上海，任上海电影制片厂动画片导演，导演了《野外的遭遇》《大红花》等彩色动画短片。1961至1964年，创作大型彩色动画片《大闹天宫》（上下集），享誉国内外。

商务印书馆广告 万籁鸣/1927年

谢之光 （1900—1976）

原名凤藻，后改名廷川，后又易名之光，别署东山后裔，室名栩栩。中国美术家协会会员，中国民主同盟盟员，曾任上海市美术家协会理事、上海市文联第二届委员会委员。谢之光出生于浙江余姚，家境贫寒，后迁居上海。14岁时师从周慕桥学习国画，后又师从张聿光学习西洋画及舞台布景。1915年，考入上海图画美术院（上海美术专科学校前身）正科，学制三年，毕业后曾任美术老师、晨光美术会干事等职。1921年起，先后为《新声》《半月》《礼拜六》《世界画报》等杂志画封面、插画。后历任南洋兄弟烟草公司美术员、华成烟草公司广告部主任，绘制了大量月份牌广告画、香烟广告。1925年，绘制的"美丽牌"香烟广告大获成功，成为闻名上海的月份牌画大家。1954年，被聘为上海画片出版社特约作者。之后，在出版社内设立之光画室，培养新一代的月份牌年画创作力量。后全身心投入国画创作中，成为上海中国画院首批画师。

影星童芷苓　谢之光 / 1930 年

中國華成煙公司
（影星童芷苓）

終日凝眸思所歡情柔悄
忬倚闌干緣眉波掃如
素曉秀色絳仙自可琴

武進單伯方題

$\frac{1}{2}$ $\Big|$ 3

1. 谷回春堂广告　谢之光 /1931 年

2. 永备牌手电筒电池广告　谢之光 /1932 年

3. 南洋兄弟烟草公司广告　谢之光 /1932 年

1 | 2 | 3　　1. 农女新装图　郁风、谢之光 /1952 年

　　　　　　2. 和合　谢之光 /1958 年

　　　　　　3. 洛神　谢之光 /1957 年

洛神

这个故事发生在三国时代。当袁绍兵败，曹操攻破邺城时，甄氏被俘，做了曹操长子曹丕的妻子，但她对曹王很有感情，却和曹丕不和。后来曹丕称帝，册封甄氏为后，泛则曹植久住远方，曹植路过洛水，夜宿驿馆，梦魂间看见甄氏洛水而来，自说已成洛水之神，但仙凡路隔，再也不能重见了。曹植怀念甄氏，便用辞丽的词句，写了著名的"洛神赋"，抒发他这凄怆对甄氏的感情。

殷悦明 （1900—?）

江苏武进人。民国时期月份牌画家。1917年入职有正书局。1918年受聘于生生美术公司，与丁悚、沈伯尘、但杜宇、张光宇等一起为《新世界日报》加送的画报绘图。1921年，入职慎昌洋行工作，两年后进入中华广告公司。1926年，与郑曼陀、丁悚、张光宇等受聘于上海美术供应社，绘制月份牌广告画。1929年，进入颐中烟草公司广告部绘制月份牌广告画，长达14年。1946年后任职于联合广告公司。

启东烟草公司广告　殷悦明 /1929 年

1│2　1.启东烟草公司广告　殷悦明 /1935 年

2.扶栏玉立图　殷悦明 /1935 年

张光宇 (1900—1965)

名登瀛，江苏无锡人。父亲张亮生为当地名医。自幼酷爱美术，14岁到上海。后师从张聿光，在上海新舞台学画布景。1918年，进入生生美术公司工作，在《世界画报》做丁悚助手，并开始在《世界画报》发表画作。1919年，兼任《滑稽画报》编辑。1921年起，陆续为《新声》《半月》《解放画报》《三日画报》《上海漫画》等杂志绘制封面和插画，并发表漫画作品。1921年至1925年，任南洋兄弟烟草公司广告部绘图员。1927年起，在英美烟草公司广告部任绘图员七年，从事月份牌广告画的绘制工作。1934年，与三弟张振宇及友人一起组建时代图书公司，出版《时代漫画》《时代画报》和《时代电影》。1937年9月，创办《抗日画报》。20世纪50年代，任中央美术学院、中央工艺美术学院教授。张光宇是回顾中国漫画史及设计史都不可忽略的艺术大家，代表作有连环漫画《林冲》《民间情歌》《西游漫记》等。他还是动画片《大闹天宫》中美猴王造型的缔造者，是中国商业美术领域的先驱。

1 | 2　　1. 绘影图（张光宇艺术文献中心藏）　张光宇 /1918 年

2. 驭马图（张光宇艺术文献中心藏）　张光宇 /1918 年

"嗲甜糯嫩" 半壁江山

　　20 世纪 30 年代，以杭稚英、金梅生为代表的月份牌画家们把月份牌广告画中的女性形象塑造成了近乎完美的化身，月份牌广告画也进入了鼎盛时期。而旗袍作为彰显现代女性美好身形、个性的最好载体，开始出现在月份牌广告画中。画家将自己的审美与想象融入创作中，创作出了明眸皓腕、身形完美、千姿百态的各式旗袍美女，将上海女性所特有的"嗲甜糯嫩"的外在形象与内在气质淋漓尽致地呈现在了大众面前，使得大众对"美"产生了无限的憧憬和遐想。

　　杭稚英是郑曼陀之后月份牌画坛又一位里程碑式画家。他天资聪颖，考进商务印书馆图画部后，不但学到了很多专业美术知识和技法，更结识了徐咏青、何逸梅、金雪尘、金梅生等一批师友，而且熟悉了商业广告从创作到印刷的生产流程，并认识了一大批客户。这些都为他日后自立门户、展翅高飞积累了宝贵的资源。1921 年离开商务印书馆后，杭稚英开始以一个独立画家的身份立世，成立了自己的画室。这一时期，他为刊物画漫画，绘封面，做装帧设计，还担任了《社会之花》杂志的绘图主任，当然他也画月份牌。1925 年，杭稚英邀请同窗好友金雪尘进入画室，1928 年同乡李慕白进画室学画，二人很快成为画室的骨干力量。画室最多时有 20 多位画师，俨然一家商业美术设计事务所，画室集各人所长，分工合作，流水线式创作作品，出品既快又好，赢得商家信任，一年可出品月份牌广告画 80 余种，包揽了月份牌广告画的"半壁江山"。

英鹏洲生琳岚尘白芳寒生梧青敏达英厂民堂彦生青岳云田曼康城

释亦伯梅湘雪慕肇荻铭碧石维叔承志亚秀文俊育西少晋逸廷

杭庞胡金唐戈金李金张唐张陈陈宋王吴向袁王杨章华吴沈王顾顾

杭穉英 （1901—1947）

亦作稚英，名冠群，浙江海宁人。1913 年随父来上海，考入商务印书馆图画部当练习生，师从徐咏青及德籍美术设计师。1916 年练习期满转入商务印书馆服务部，从事草图设计、洽谈印刷业务的工作。1921 年自立门户，专事创作月份牌广告画，兼作商品包装设计、杂志封面和插画绘制。1923 年，创立穉英画室，后邀师弟金雪尘、同乡李慕白入画室，二人成为其得力助手。三人通力合作，使画室成为当时沪上创作设计力量最强的商业广告机构。

画室广泛承接各类绘制画稿的业务，仅月份牌广告画每年就创作 80 余种。杭穉英引领了 20 世纪 30 年代月份牌广告画人物形象的新潮流，开创了月份牌广告画的鼎盛时代，堪称月份牌画坛里程碑式的名画家。抗日战争期间，他拒绝日寇威逼利诱，举债度日，后画出富有爱国精神的《梁夫人击鼓抗金兵》和《木兰从军》等作品。杭穉英乐善好施，待人真诚，有"小孟尝君"之美誉。1947 年，因劳累过度而英年早逝，令世人扼腕。

香港福安水火人寿保险兼货仓有限公司广告 杭穉英 /1927 年

司公限有倉貨兼險保壽人火水安福港香
The Fook On Assurance & Godown Co., Ltd.

广生行双妹化妆品广告　杭穉英 /1932 年

双考而夫 杭穉英 /20 世纪 30 年代

四大美人屏　杭穉英 / 20 世纪 30 年代

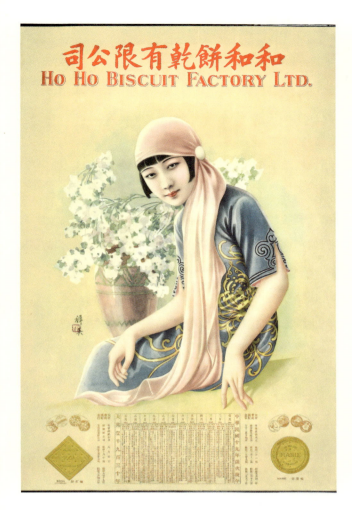

1 | 2   1. 和和饼干有限公司广告　杭穉英 /1930 年

          2. 霸王别姬　杭穉英 /1946 年

庞亦鹏（1901—1998）

名如贤，出生于浙江吴兴（今属湖州）。中国美术家协会会员，上海市文史研究馆馆员，曾任上海市美术家协会理事。民国时期著名工商美术家，时誉为"商业广告插画大王"。自幼爱好绘画，13 岁就读于嘉兴秀州中学，1919 年毕业后留校任美术教师，后考入上海美术专门学校（上海美术专科学校前身）和上海专科师范学校合办的暑期"图画音乐全习班"，1921 年毕业。美术作品为周瘦鹃赏识，引荐为大东书局、商务印书馆及报刊画插画。

1921 年起，陆续为《半月》《三日画报》《摄影画报》《紫罗兰》《太平洋画报》创作时装仕女画。1925 年，创作出版《新妆》仕女画集。1928 年，由林振彬力邀进入华商广告公司执掌图画部，为该公司拿下福特汽车、德国海京伯大马戏团等多个驰名中外品牌、商家的广告代理权。后曾担任银星、荣昌祥、亚西亚等广告公司设计顾问。抗日战争胜利后，自办大鹏广告社，先后为 414 毛巾、白猫花布、百雀羚、雅霜等商品设计广告。20 世纪 50 年代起，任上海外贸局进出口公司对外宣传美术顾问，亦有月份牌年画作品问世。1979 年移居美国加州。

天津市公私合营五洲化妆品厂广告　庞亦鹏 /1953 年

1｜2　1.热爱农村　庞亦鹏、庞卡 /1963 年

2.孔雀舞　庞亦鹏 /20 世纪 50 年代

胡伯洲 (1902—?)

江苏南京人。民国时期知名画家、摄影家。家学深厚，父胡剡卿为国画家，擅长花鸟走兽；兄长胡伯翔为著名画家、摄影家。1928年，与郎静山、黄伯惠、胡伯翔等人一起组织中华摄影学社，简称"华社"。曾入职英美烟草公司广告部，从事工商美术设计和月份牌广告画的绘制工作。20世纪20年代，在《俭德储蓄会月刊》《三日画报》《上海漫画》《天鹏》《图画时报》《大众画报》等报刊发表绘画和摄影作品，并发表了大量有关摄影理论和技法的文章。1930年主编《中华》图画杂志。曾任《申报·图画特刊》主编。

英美烟草公司广告　胡伯洲 /1930 年

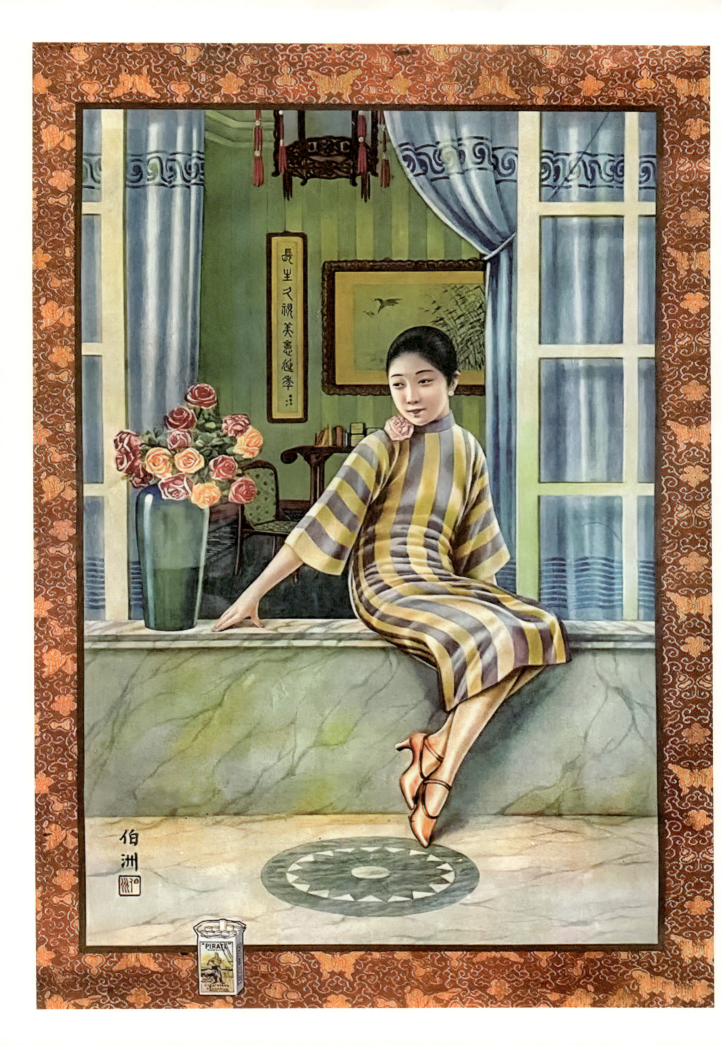

金梅生 (1902—1989)

别名石摩、世亨，上海人。中国美术家协会会员，上海市美术家协会会员，上海市文史研究馆馆员，曾任中国美术家协会理事。1919年，师从徐咏青学习西洋画。1921年，考入商务印书馆图画部，专门从事月份牌广告画的绘制工作。1921年起，先后为《礼拜六》《太平洋画报》等杂志画封面和插画，初署名世亨。1930年在家自立梅生画室，始以"梅生"署名致力于月份牌广告画创作。擅长画中国古装美女和时装美女，作品风格中西融合，作画一丝不苟，唯求完美。与杭穉英一起引领了20世纪30年代月份牌广告画人物形象的新潮流，将月份牌广告画推向了鼎盛。抗日战争期间，拒为敌寇作画，改习国画，署名"石摩"。1954年，被聘为上海画片出版社特约作者。之后在出版社内设立梅生画室，培养年轻画家，为繁荣月份牌年画、培养新人做出了重要贡献。创作的月份牌年画《菜绿瓜肥产量多》荣获第三届全国年画评奖一等奖；《白娘娘与许仙》深受群众欢迎，连年再版，印数达1.6亿张。

1 | 2　　1. 播种牌香烟广告　金世亨 /20 世纪 20 年代

　　　　2. 丽质如花　金梅生 /20 世纪 30 年代

学女欧装图　金梅生／20世纪30年代

1	2
3	4

1. 华成烟草公司广告　金梅生 /1930 年

2. 多利葡萄白兰的酒广告　金梅生 /1940 年

3. 为孩子签名　金梅生 /1955 年

4. 颗粒归仓 不浪费一粒粮食　金梅生 /1964 年

菜绿瓜肥产量多　金梅生 /1956 年

白娘娘与许仙

《白蛇传》是我国优秀的民间故事，叙述了白娘娘和许仙之间的真挚爱情。本画描绘了许仙和白娘娘新婚时的喜悦心情。

白娘娘与许仙　金梅生/1979年

唐琳（1902—?）

原名唐宗福，上海人。上海市第二师范学校毕业，善绘画。曾赴南京，供职总政治部，少校军衔。1927年，接替其兄唐肖寅任南洋兄弟烟草公司广告部主任，绘制月份牌广告画。《申报》等报刊长期刊登其绘制的烟草广告画。亦善画讽刺画（漫画），常有作品发表于各报刊。1936年，于上海威海路永吉里开设唐琳商业美术研究所，收徒培养商业美术人才。唐琳除善丹青外，还嗜摄影，所摄作品为同好赞许。他还是南国剧社的社员，在师范求学时即热衷新剧，曾组织龙门新剧团，成绩斐然。他反串女角，风姿妙曼，体态轻盈，嗓音柔婉甜美，观剧者莫不为之倾倒。后因钦佩美国女星丽琳，而易名为琳。唐琳还擅长足球，任左锋，每届比赛，驰骋球场，疾如鹰隼，无有能及者；其他如篮球、网球及各项运动，亦莫不精绝。

南洋兄弟烟草公司广告　唐琳 / 1928 年

戈湘岚 （1904—1964）

原名绍苓，又名荃，别署赏神骏斋主、东亭居士，江苏东台安丰人，新闻学家戈公振之堂弟。中国美术家协会会员，上海市美术家协会会员，上海中国画院画师。1919 年，考入上海图画美术院（上海美术专科学校前身）。1921 年起，在商务印书馆图画部从事月份牌广告画的绘制及装帧设计工作，一直沿用至今的"马利牌"颜料商标即为其 20 世纪 20 年代的设计。1932 年，与友人创办学友图书社，从事教学挂图编绘与出版经营工作。1932 年 1 月 28 日，日本侵略军进攻闸北，戈湘岚亲自编绘出版了一组宣传军民抗战的挂图，以激发全市民众的爱国热情，因此遭日本宪兵搜捕，他恰好外出会友，侥幸逃过一劫。1938 年，拒绝为日本当局推行奴化教育编绘教育挂图，始习国画，被赵叔孺收为入室弟子。新中国成立后，任上海教育出版社第三编辑室主任、编审。作品有《送公粮》《大西南进军图》《春耕》等。戈湘岚是中国的画马大师，曾赢得郭沫若"今之曹霸"的赞誉，有行家将其与徐悲鸿并称为"北徐南戈"。

百鸟图　戈湘岚 /1956 年

梅兰竹菊　戈湘岚/1954年

金雪尘 （1904—1996）

上海嘉定人。中国美术家协会会员，上海市美术家协会会员，上海市文史研究馆馆员，曾任上海市美术家协会理事。1922年以第一名成绩考入商务印书馆画图部，成为练习生（绘人友）。1925年，应师兄杭穉英之邀入穉英画室，成为画室的三大支柱之一，后与李慕白合作，以"穉英"为名绘制了大量月份牌广告画。金雪尘色彩感觉特别好。他有国画、水彩画基础，对古诗词研究尤深，尤善绘景，所绘画室内外景物颇具国画神韵和意境。画景时追求作品意境韵味，思考成熟才动笔，作品融合水彩画和中国传统写意，虚实相生，为画面营造出一种温馨的氛围。新中国成立后，与李慕白合作绘制了大量现实题材的新年画，亦有不少独自创作的月份牌年画。1954年，被聘为上海画片出版社特约作者。之后，在社内设立的慕白画室传授技艺，培养新人。月份牌年画作品有《武松打虎》《春江花月夜》《金鱼舞》《女排夺魁》《秋月琵琶》等，其中，《武松打虎》荣获第三届全国年画评奖二等奖，《女排夺魁》（与李慕白合作）荣获第三届全国年画评奖一等奖及第六届全国美展荣誉奖，《秋月琵琶》（与李慕白合作）荣获第三届全国年画评奖三等奖。出版有《李慕白金雪尘年画选》。

李慕白 （1913—1991）

浙江海宁人。中国美术家协会会员，中国民主同盟盟员，上海市文史研究馆馆员。1928年进入穉英画室学习月份牌广告画，师从杭穉英、陈秋草。李慕白天赋异禀，聪慧过人，很快便和金雪尘一起成为穉英画室的顶梁柱。他通常与金雪尘搭档合作绘制月份牌广告画，李慕白画人物，金雪尘绘景，配合默契、珠联璧合。约从1930年起，署名"穉英"的数百幅月份牌广告画基本上都是李慕白、金雪尘与杭穉英三人合作的。1954年，被聘为上海画片出版社特约作者。1956年，在上海画片出版社设立慕白画室，与金雪尘一起培养年画接班人。1958年，上海画片出版社并入上海人民美术出版社，转而被聘为上海人民美术出版社特约作者。1984年，荣获第三届全国年画评奖荣誉奖。其作品《采莲图》被中国美术馆收藏，《女排夺魁》（与金雪尘合作）荣获第三届全国年画评奖一等奖及第六届全国美展荣誉奖，《秋月琵琶》（与金雪尘合作）、《老鹰捉小鸡》荣获第三届全国年画评奖三等奖。出版有《李慕白金雪尘年画选》。

女排夺魁

女排夺魁　李慕白、金雪尘 /1982 年

1	2
3	4

1. 华成烟草公司广告　稚英画室 /20 世纪 30 年代

2. 华成烟草公司广告　稚英画室 /20 世纪 40 年代

3. 祝枝山与唐伯虎　稚英画室 /20 世纪 40 年代

4. 秋月琵琶　李慕白、金雪尘 /1982 年

哪吒闹海

本画根据同名京剧。作品描绘哪吒在陈塘关外河里洗澡，闹得龙宫不安，因而和龙王三太子打了起来，三太子打不过哪吒，被哪吒捉住，并结成好朋友的故事。

哪吒闹海　李慕白 /1980 年

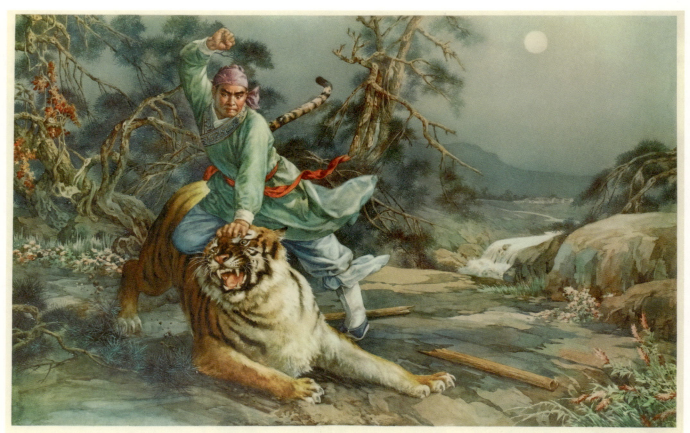

武 松 打 虎

1 | 2　1. 武松打虎　金雪尘 / 1979 年

2. 孔雀公主　李慕白、金雪尘 / 1983 年

孔雀公主

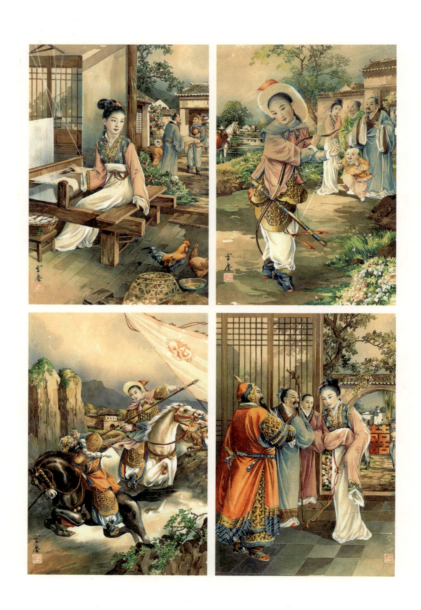

1 | 2 　1. 花木兰　金雪尘 /20 世纪 50 年代

　　　　2. 大游行　李慕白 /1957 年

大 游 行

老 鷹 捉 小 鷄

花 木 蘭

金鱼舞

春江花月夜（舞蹈）

<table>
<tr><td>1</td><td>3</td></tr>
<tr><td>2</td><td>4</td></tr>
</table>

1. 老鹰捉小鸡　李慕白 /1956 年

2. 花木兰　李慕白、金雪尘 /1962 年

3. 金鱼舞　李慕白、金雪尘 /1961 年

4. 春江花月夜　李慕白、金雪尘 /1962 年

金肇芳 （1904—1969）

安徽休宁人。上海市美术家协会会员，上海市文史研究馆馆员。14岁时在上海美丰印刷厂当学徒，其间自学绘画，之后走上了独立创作的道路。1925年至1926年，任《世界画报》助理编辑，绘制封面和插画。后创立肇芳画室，承接商业设计和月份牌画稿业务，成为上海知名的月份牌画家。抗日战争期间，直面日军上门利诱，拒绝为之作画，并与杭稺英、吴志厂、谢之光、金梅生等沪上十位画家联手创作了《木兰荣归》，影响深远。新中国成立后，先后被聘为上海画片出版社、上海人民美术出版社特约作者。代表作有《宝黛读西厢》《铁弓缘》《西施》《红娘子》《空城计》《白蛇传》等，其中，《西施》多次再版。

1 | 2

1. 宝黛读西厢　金肇芳 /20 世纪二三十年代
2. 上海中和兴烟厂股份有限公司广告　金肇芳 /20 世纪 30 年代

小小发电站 金肇芳 /1957 年

1. 西施　金肇芳 /1957 年

2. 空城计　金肇芳 /1961 年

$\frac{1}{2}$

张荻寒 (1904—?)

浙江嘉善人。民国时期著名月份牌画家，擅长图案画、国画，长于广告设计。曾考入商务印书馆图画部师从徐咏青学习绘画，后任职于华成烟草公司广告部，绘制了大量报刊烟草广告画和月份牌广告画。1924年，与画家王翰娱、宋叔达等在闸北宝通路新新美术社函授部授教。1926年起，先后为《红玫瑰》《万岁》《小说世界》等杂志绘制封面美女画和插画。1932年，任《社会日报》图画部主任。1940年，自办画室招生，传授广告画。曾客串创作连环画，1947年至1949年在《申报》连载的《三笑缘》《陈圆圆画传》《玉堂春》《十美图》等是其连环画代表作，连载的同时刊登其绘制的华成烟草公司的香烟广告，更加引人注目。《三笑缘》后汇集出版，很受欢迎。1948年，编绘学生图画范本《山水画集》，由春明书局出版。

华成烟草公司广告　张荻寒 /1928 年

華成煙公司廣告　張荻寒/20世紀30年代

华成烟草公司广告　张荻寒 /20 世纪 30 年代

唐铭生 （1905—2001）

原名唐有铭，安徽歙县人，出生于上海。父母早逝，自幼随三叔夫妇生活，被立为嗣子。1921年，经人介绍进入上海证券物品交易所当学徒，翌年任101号经纪人。交易所倒闭后，先在大世界魔术团跑龙套，后去新舞台、明星影片公司等处画布景。1926年，拜著名画家张聿光为师，学习水彩画和舞台美术。之后，到师兄谢之光的画室画月份牌广告画。1928年，自立门户，靠画月份牌广告画赚钱养家，为寰球画片公司、徐胜记画片号等供稿。由于作画认真，索酬低廉，颇受外地客户欢迎。1934年，中国工商业美术作家协会在沪成立，任第一届理事会候补理事。1936年，进入五洲大药房广告部执业，1944年因民族工商业衰落而退职失业。新中国成立后，进入上海人民保险公司业务科从事美术宣传工作。1958年转入中国人民银行上海分行从事美术宣传工作，创作了《参加储蓄，年年有余》等广告宣传画，在上海银行界风靡一时。退休后，热心社区公益宣传工作，研习国画，佳作颇丰。

欢乐图　唐铭生 / 1932 年

踏雪图　唐铭生／20世纪30年代

奉天太阳烟公司广告　唐铭生 /20世纪 30 年代

张碧梧 (1905—1987)

江苏江阴人。中国美术家协会会员，上海市美术家协会会员，曾任上海市美术家协会理事。14 岁到上海，初入先施公司当练习生，后入永安公司任职员。自学绘画成才，曾任第一印刷公司绘图员。后自设碧梧画室，为上海的艺辉画片商店、徐胜记画片号、正兴画片公司、寰球画片公司等画片商绘制月份牌广告画。

1954 年，被聘为上海画片出版社特约作者。1958 年，上海画片出版社并入上海人民美术出版社，转而被聘为上海人民美术出版社特约作者。创作了不少以解放战争和抗美援朝重大战役为题材的作品，如《百万雄师渡长江》《解放一江山岛》《上甘岭的胜利》《志愿军凯旋回国》等，场面之大、人物之多、气势之磅礴，为月份牌年画中少见。其中，《百万雄师渡长江》荣获第三届全国年画评奖二等奖。其他作品有《养小鸡 捐飞机》(荣获第二届全国年画评奖二等奖)、《军帮民民帮军》、《故乡变了样》、《妈妈开着拖拉机来了》等。

锦华烟公司广告　张碧梧 /20 世纪三四十年代

1. 百万雄师渡长江　张碧梧 /1956 年
2. 志愿军凯旋回国　张碧梧 /1959 年

上 甘 嶺 的 胜 利
SHANG GAN LING DE SHENG LI

一九五二年秋，美国侵略者为了适应在板门店谈判上一种讨价还价，制造了三万多人员，出动了大炮飞机和坦克，向上甘岭地区我军的两个山头阵地发起进攻，我英勇的中国人民志愿军坚强固守。在敌后援部队的凶猛炮火下，坚持了二十四天的抗战。敌人不顾惨败这一点，并终究被歼灭其他部队休息好继续作战。志愿军人民的支援坚持人民军队的配合下，进行了反攻击，取得了阵地的胜利，如金星光山的上甘岭，在英勇奋战和平的总量上，谱下了光辉的一页。

风 雪 铁 骑
FENG XUE TIE QI

養 雞

1. 上甘岭的胜利　张碧梧 /1958 年

2. 风雪铁骑　张碧梧 /1964 年

3. 养鸡　张碧梧 /1954 年

陈石青　生卒年与生平不详，民国时期月份牌画家，有不少月份牌广告画存世。1929 年，与徐咏青、郑曼陀、杭穉英、谢之光等一起发起成立以月份牌画家为主的商业美术团体艺友社。

明星歌舞图　陈石青 /20 世纪二三十年代

1 | 2   1. 电影皇后　陈石青 /20 世纪 30 年代

2. 新妇靓装图　陈石青 /20 世纪 30 年代

陈维敏

生卒年与生平不详，民国时期月份牌画家。1932年，与周天初、姚敦保、胡适之、都雪鸥、罗鲁、胡仲平等创办中华绘画研究所，并招收学员教授绘画技艺。

麒麟送子　陈维敏/20世纪30年代

麒麟送子

上海南京路

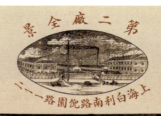

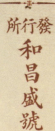

宋叔达

生卒年和生平不详。据 1924 年 6 月 29 日《申报》记载，"新新美术社设函授部。闸北宝通路新新美术社由画家王翰娱、宋叔达、张荻寒等设办图画函授部，分美术、应用、专修三科"。1935 年 5 月 5 日《申报》记载，在中国广告公司任职的宋叔达在中国化学工业社制造新式花露香水的商标图案征求中获选，得酬银一百元。

双美图 宋叔达 /20 世纪二三十年代

王承英

江苏吴县人。生卒年和生平不详。文献仅见 1919 年 1 月 4 日《申报》刊登"地方通信·苏州"："美术画会续志，本月一日吴县教育会举行第一次美术画赛会，已志前报。兹悉该会陈列各品大别为国粹油色、水彩钢笔、铅笔木炭、蜡画、漆画、焦画、照相着色、刺绣等画，画工颜色均极精美，而王承英之木渎风景，颜文樑之上海风景，张怀劬、顾恩丹、叶廷桂、陈韶虞等之翎毛山水，范水云之油画鬼怪，程少川之时装仕女尤为特色。"

王承英 20 世纪 20 年代起即从事画月份牌广告画创作，存世月份牌广告画作品不多，除 1926 年为瑞士国汽巴化学厂绘制的月份牌广告画外，尚有一幅 1927 年为威廉士医生药局绘制的月份牌广告画。

瑞士国汽巴化学厂广告　王承英 /1926 年

吴志厂

"厂"同"庵"。生卒年不详。民国时期知名画家。20世纪20年代毕业于上海美术专门学校（上海美术专科学校前身），曾师从李超士学习西画，成绩优异。后受聘于当时中国最大的烟草公司英美烟草公司，成为上海知名的月份牌画家。作品格调清雅如水彩画。有多幅美女月份牌广告画存世，曾为辽宁奉天太阳烟草公司"白马牌""足球牌"香烟画过《西湖十景》《北京名园》香烟广告。1927年，与刘豁公、裘芑香等人创办《影戏画报》，亦曾为天青剧社设计舞台布景。抗日战争期间，为激励民众抗战热情，与杭穉英、周柏生、谢之光等十位著名画家合作创作了《木兰荣归》，表达了抗战必胜的信念，此作也成为美术史上的一幅杰作。

龙凤呈祥　吴志厂 /20 世纪 30 年代

龍鳳呈祥

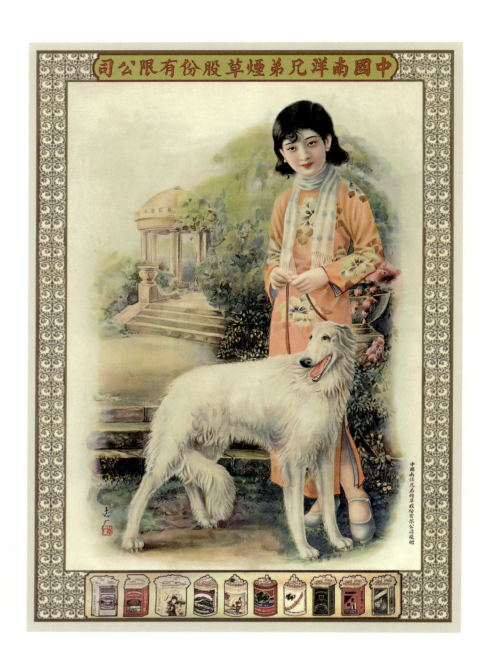

1 | 2　1. 南洋兄弟烟草公司广告　吴志厂 /20 世纪 30 年代

2. 天河配　吴志厂 /20 世纪 30 年代

南洋兄弟煙草公司敬贈

天河配

向亚民

生卒年和生平不详。1922 年，在《世界画报》发表铅笔风景素描作品，同时为《礼拜六》第 176 期封面绘制时装仕女图。1929 年 2 月 1 日《申报》刊登："韦廉士药局赠送月份牌。江西路六十号四楼韦廉士药局，每届阴历岁暮，依然分送月份牌于本外埠各药房及持有该局出品红色补丸（两端蓝牌商标）之主顾。每二枚可掉换一张。闻该月份牌今年系名画家向亚民所绘《香港晚景》，印刷则由商务印书馆承办。图为二女郎，一为妙龄丽姝，一为总角娇娃。眉目生动，作时下装；小风过处，颈带飘扬。背景衬以辽阔之海涛，帆樯出没，蓝蔚天空；云影波光，朦胧月色。设色均极柔和，远瞻近瞩，恍如置身海外，领略香港晚景焉。"

香港晚景　向亚民 /1929 年

袁秀堂

生卒年不详。20 世纪 20 至 40 年代上海月份牌广告画及商业广告画家，精于时尚美女和亭台楼阁题材。1925 年，《天声画报》第 3 期就刊登过他的月份牌仕女画。1926 年，与梁雪清一起任天化艺术会美术部指导教师。1929 年，被聘为上海国民商业广告公司美术部主任，专办月份牌广告画及商标图案业务，并招收练习生，以造就人才。同年，多期《图画京报》刊登其人物及风景摄影作品，同时在市政府举办的市徽图案征集中获得第一名。1930 年，在上海四马路（今福州路）望平街口创立秀堂画社，承接月份牌画稿绘制及商业美术设计业务。1934 年，秀堂画社事业蒸蒸日上，原有美术人才不敷分配，特向社会招收练习生，报名者踊跃，特增辟新画室于望平街元益印刷公司楼上，教学成绩斐然。1939 年，为文学杂志《五云日升楼》第 12 至第 18 期的"时事诗画"栏目画插画。

戏犬图　袁秀堂 /20 世纪三四十年代

1. 家庭乐趣图　袁秀堂 /20 世纪三四十年代

2. 黄浦夜月美人心　袁秀堂 /20 世纪三四十年代

三美游湖图

上海繁华不夜天

1
—
2

1. 三美游湖图　袁秀堂 /20 世纪三四十年代

2. 上海繁华不夜天　袁秀堂 /20 世纪三四十年代

王文彦 (1908—1996)

浙江宁波镇海人，杭穉英夫人王萝绥的弟弟。民国时期商业美术家，白鹅画会会员，擅长图案画、商业美术。1930年入穉英画室随杭穉英学习绘画，从事月份牌广告画及商业美术设计工作。其间，杭穉英还出资送其去白鹅绘画研究所师从陈秋草、方雪鸪系统学习西画。20世纪40年代入职家庭工业社广告部，任设计师。新中国成立后，进入上海中华制药公司任设计师，负责产品包装设计、广告宣传工作。

上海中华制药公司广告　王文彦/20世纪40年代

杨俊生 （1909—1981）

安徽安庆人。曾用名杨长沄。擅长年画、水彩画，中国美术家协会会员，曾任上海市美术家协会理事。自幼爱画，十二三岁时即临摹《芥子园画谱》《点石斋丛画》，自学绘画。20岁时来沪，跟随画家丁云先学画。1931年起从事工商美术设计工作，先后受聘于杨乐冰画室及新光、紫光、通明等广告公司。1935年，自设俊生画室，开始致力于月份牌广告画创作，擅长历史和戏曲题材。新中国成立后，是最早参加上海市美术家协会的月份牌画家，并担任年画组组长。1950年，任上海彩印图画改进会副理事长，主管绘画工作。1954年，被聘为上海画片出版社特约作者。1958年，上海画片出版社并入上海人民美术出版社，转而被聘为上海人民美术出版社特约作者。月份牌年画代表作有《精忠报国》《岳飞枪挑小梁王》《夜战马超》《孙悟空大闹天宫》《贵妃醉酒》《宇宙锋》《水浒一百零八将》《兄弟民族妇女服饰图》等。

庆祝中华人民共和国成立大游行　杨俊生 /1950 年

1 | 2　　1. 戏剧人物屏　杨俊生 /1956 年

2. 白娘娘与小青青　杨俊生 /1954 年

白娘子與小青

上海書出版發社出版 · 發行 · 信大地月印刷圖印刷
杨俊生作 編號：（32）· 1954年10月第1版第2次印刷 60,001～80,000 定價人民0.30元
上海美術出版美印刷印刷發行印刷號
图书重上內本色一碼不得加图图图

孙 悟 空 大 闹 天 宫

精 忠 报 国

$$\frac{1}{2}\Big|3$$

1. 孙悟空大闹天宫　杨俊生 /1963 年

2. 精忠报国　杨俊生 /1961 年

3. 岳飞枪挑小梁王　杨俊生 /1963 年

岳飞枪挑小梁王

章育青 （1909—1993）

浙江慈溪人。擅长年画，中国美术家协会会员。1925年，进入上海世界书局学习绘画，并从事书籍设计、插画创作等工作。1928年，多期《骆驼画报》刊登其创作的时装美女插画。1936年，编绘的《学画门径》由中央书店出版。1939年，编绘的《新派美术字》由春明书店出版。20世纪三四十年代，为多部武侠小说绘制插画。1954年，被聘为上海画片出版社特约作者。1958年，上海画片出版社并入上海人民美术出版社，转而被聘为上海人民美术出版社特约作者。章育青是月份牌画家中独树一帜的专画大场面的画家，年画《上海大世界》荣获第四届全国年画评奖三等奖，原作被中国美术馆收藏；《元宵灯》入选第六届全国美展；《节日的上海外滩》《南京长江大桥》入选第七届全国美展。

看菊花　章育青 /1962 年

看菊花
KAN JU HUA

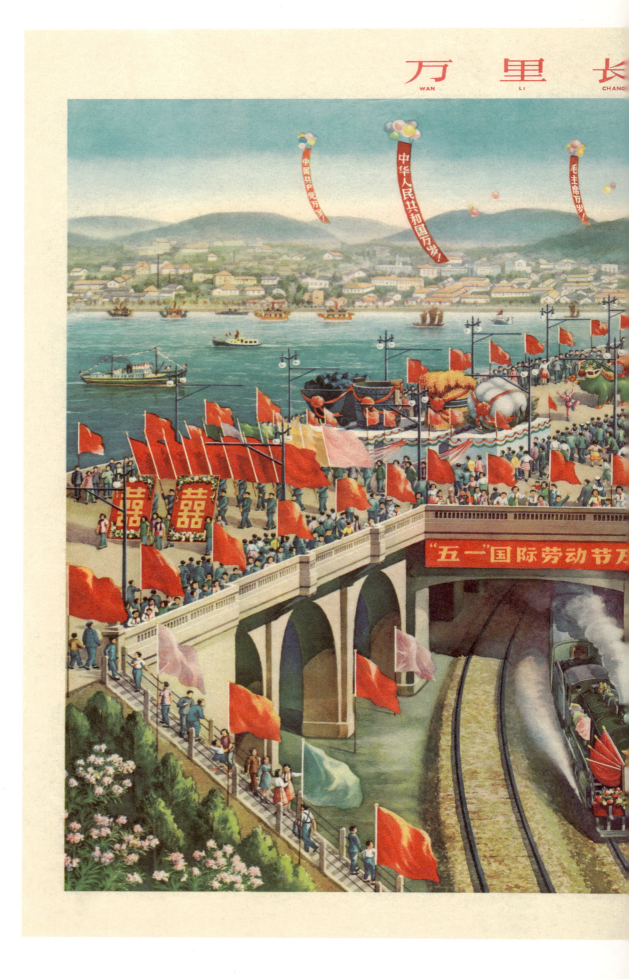

江 第 一 桥
JIANG　DI　YI　QIAO

万里长江第一桥　章育青/1960年

1｜2　　1. 节日大游行　章育青 / 1966 年

2. 上海大世界　章育青 / 1988 年

华西岳 （1910—?）

江苏无锡人。生平不详。民国时期曾在印刷厂工作，爱好美术，后从事月份牌广告画创作。1954年，被聘为上海画片出版社特约作者。1958年，上海画片出版社并入上海人民美术出版社，转而被聘为上海人民美术出版社特约作者。创作了多幅月份牌年画，亦与多位画家合作创作过月份牌年画，作品有《京戏集锦》《民族形式体育运动》《珍珠塔》等。

京戲集錦

販馬記　佳期　漁夫恨　西施

京戏集锦　华西岳/1954年

1 | 2　　1. 珍珠塔　华西岳 /1958 年

2. 民族形式体育运动　华西岳、王柳影 /1954 年

民族形式体育运动 (一)

MIN ZU XING SHI TI YU YUN DONG

吴少云 （1910—1971）

别名道邻、少蕴、炳生，江苏吴县人。上海市美术家协会会员，上海市文史研究馆馆员。吴湖帆入室弟子，中国画深得恩师精髓，尤善人物。曾师从周柏生学习月份牌广告画，深受老师器重，后娶周柏生小女儿周素澜（亦为吴湖帆弟子）为妻。1928年从柏生绘画学院毕业，后进入英美烟草公司、颐中烟草公司和格兰广告公司绘制广告及月份牌广告画。1954年，被聘为上海画片出版社特约作者。1958年，上海画片出版社并入上海人民美术出版社，转而被聘为上海人民美术出版社特约作者。年画代表作有《水漫金山寺》《牛郎织女笑开颜》《三英战吕布》《文君当垆》《林冲夜奔》《嫦娥奔月》《黛玉抚琴》等。20世纪五六十年代上海月份牌年画鼎盛时，吴少云的两幅作品颇为引人注目，一幅是《龙凤呈祥》，一幅是《贾宝玉夜探潇湘馆》，堪称月份牌古装年画的经典之作。遗憾的是他身体病弱，没有继续画下去，留在世上的这两幅作品成了世人对他最好的纪念。

贾宝玉神游太虚境

贾宝玉神游太虚境　吴少云 /1938 年

1 | 2 | 3   1. 贾宝玉夜探潇湘馆　吴少云 /1956 年

2. 龙凤呈祥　吴少云 /1959 年

3. 黛玉抚琴　吴少云 /1963 年

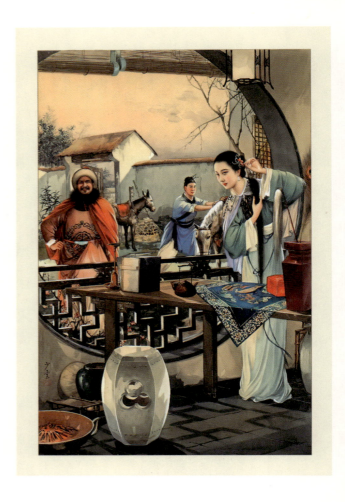

1 | 2 | 3　　1. 红尘三侠　吴少云 /1939 年

2. 假日游湖　吴少云 /1955 年

3. 林冲夜奔　吴少云 /1960 年

假日游湖
JIA RI YOU HU

林冲夜奔
LIN CHONG YE BEN

沈晋田 （1911—1999）

江苏江阴人。民国时期商业美术家，擅长国画、西画、图案画、商业美术。新中国成立后，成为自由职业画家。1954年，被聘为上海画片出版社特约作者。1958年，上海画片出版社并入上海人民美术出版社，转而被聘为上海人民美术出版社特约作者。1980年后，曾为多家广告公司设计商标、包装、广告。晚年以画自娱，以己所长助力社区公益事业，深受群众欢迎。年画作品有《慰问工地》《银河两岸庆丰收》《月月红》《海底漫游》《狮象虎豹》等。

月月红　沈晋田 / 1961 年

狮　　　　　　　　　　　象

虎　　　　　　　　　　豹

狮象虎豹　沈晋田 /1979 年

王逸曼 (1911—?)

出生于江苏无锡。民国时期商业美术家。1931年，任大美印刷所绘图员。1932年起，任维罗广告公司广告部主任六年。1939年，任信谊药厂美术部主任；1940年起任该厂广告部主任，从事广告设计和月份牌广告画创作。新中国成立后，任信谊药厂材料供应科科长、销售科科长等职。1958年，调上海医药工业公司经理部工作。1960年，调上海市化工局，从事美术宣传工作。

1936年，《申报》刊登由蔡元培题写的"逸曼函／面授商业实用画术"广告"王逸曼先生凭十余年业务上之心得，教授各种商业实用图画，养成有志自立青年。章程附邮即寄。地址上海新重庆路三二三号"。1948年，联合国举行彩色招贴画竞赛，经联合国驻华办事处聘请国民政府行政院教育部朱家骅部长等组织评委员会征稿，收到国内外艺坛名流作品一百数十幅，委员会选出王逸曼、都冰如、欧杰的三幅作品为我国之代表作，王逸曼的作品题为《促进农村和都市的繁荣》。

中国福昌烟公司广告　王逸曼／1931年

中国福昌烟公司　曼逸

中国瑞伦烟公司广告　王逸曼 /1931 年

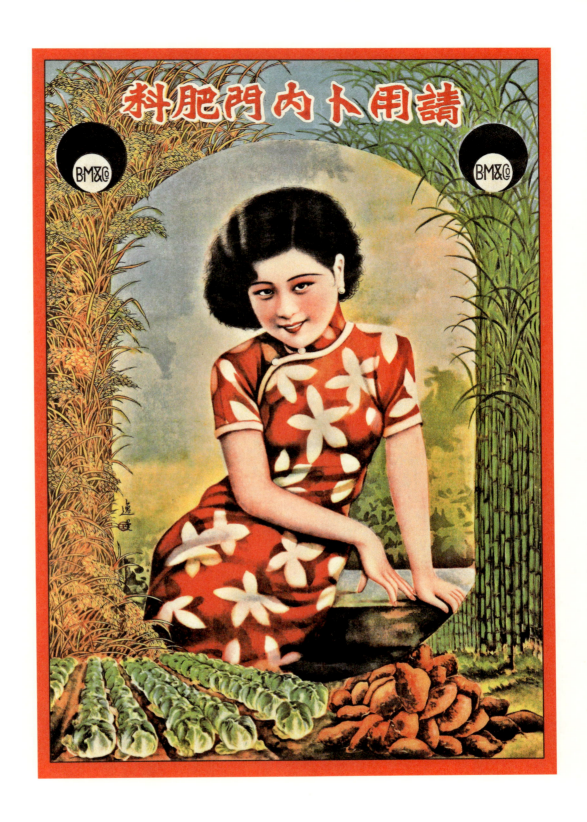

卜内门肥料广告　王逸曼 /20世纪三四十年代

顾廷康 （1912—?）

出生于浙江武义，寄居上海。擅长油画、粉画、月份牌广告画，曾创办廷康画室。新华艺术专科学校毕业，平居好友，性豪侠，待人诚挚，喜济人急。抗日战争期间，积极参与中国工商业美术作家协会发起的义卖救难的美术展览活动，捐出画作、古玩筹集善款，并为忠义救国军沪第四分区建立秘密电台，从事地下工作，颇著功绩。抗日战争胜利后，仍孜孜于西画之写作，任上海市画人协会理事。

执扇荷塘畔　顾廷康/20世纪三四十年代

娇妻爱子　顾廷康 / 20 世纪三四十年代

奉天太陽煙草公司敬贈

請吸 足球牌香煙

兒女英雄 顾廷康 /20世纪三四十年代

顾城 （1913—?）

生平不详。商业美术家，擅长国画、西画、图案画、工商美术设计。1933 年，与周松林、吴沁海等创立美曼文艺社，从事工商美术设计、月份牌广告画绘制工作。

義之爱鹅　顾城 /20 世纪三四十年代

木蘭還鄉

天下兴亡
匹夫有责

　　月份牌广告画于清末民初兴起，20 世纪二三十年代进入鼎盛时期，抗日战争爆发后，社会动荡、经济衰落，月份牌日渐式微。1937 年，"八一三"淞沪会战爆发，日本侵略军占领上海，但此时由于日本尚未准备好与英、法、美等帝国主义国家开战，因此，公共租界和法租界得以孑立于日占区的包围之中，成为"孤岛"。在租界内的众多月份牌画家义愤填膺、满腔热血，纷纷以画笔为武器，创作了许多宣传抗日救国精神的作品。其中，最具代表性的是《木兰荣归》（又名《木兰还乡图》），这是一幅集众家之长的作品，它的诞生有着特殊的使命。此画由当时沪上的制版大师郑梅清设计，周柏生起稿，杭稺英画花木兰，吴志厂画双亲，谢之光画木兰姐，金肇芳画木兰弟，金梅生画孩童，李慕白画副将元度，戈湘岚画双马，田清泉画护兵，杨俊生画背景。画家们不但在画上签上了自己的名字，还钤盖了自己的印章，以表郑重之意。著名画家郑午昌为此作题跋："此图系海上十大艺人精心妙手所合绘，制作精美，用意深长，洵为当代美术画片之杰构。"当时虽然是战争时期，但《木兰荣归》仍作为商业广告画与市民见面了。使用了这张名作的上海民族企业包括上海华明电池厂、上海通明电器厂和上海汇明电筒电池制造厂。1941 年太平洋战争爆发，上海全面沦陷后，此画遭到日寇的禁毁。

　　由于日寇的蹂躏，全国经济遭受重创，百业萧条。与工商业紧密结合的月份牌广告画也随之一蹶不振，趋于衰落。月份牌画家纷纷另谋生计，徐咏青、何逸梅去了香港，郑曼陀举家去了大后方成都。留下的也大多改画国画、西画：金梅生署名"石摩"改画国画；李慕白改用粉画为人画像；杭稺英面对日本军官的威逼利诱，以身体有病为由，当面猛咳出血，拒绝为日本人作画……他们也因此断了生活来源，只得举债度日。

良云夫风之殷萍颐影昕曦洲莲鸿如萍波斌飞

礼靓哲泽志克慕柳大子瀛慕飞馥寄微王

忻邵吴江陆孙邵孟王张黄魏谢徐杨徐俞刘陈

忻礼良 （1913—1996）

浙江鄞县人。中国美术家协会会员，上海市美术家协会会员。自幼热爱美术。16 岁到上海陈正泰印刷厂学制版，有机会看到月份牌名家杭稚英、金梅生等人的原稿。他一面制版一面勤奋自学，渐渐走上创作道路。曾在生生美术公司从事美术创作，后辞职从事月份牌广告画、团扇、热水瓶图案、电影海报等的创作工作。1953 年，参加上海市文化局美术工作者学习班。1954 年，被聘为上海画片出版社特约作者。1958 年，上海画片出版社并入上海人民美术出版社，转而被聘为上海人民美术出版社特约作者。1959 年，被吸收为上海人民美术出版社创作干部。1962 年，成为自由职业者。先后创作了大量优秀年画作品，如《毛主席和我们在一起》《姑嫂选笔》《拾到五分钱》等，其中，《姑嫂选笔》荣获第三届全国年画评奖三等奖，原作由中国美术馆收藏。忻礼良的许多作品深受群众欢迎，印数可达一两百万张。

上海汇明电筒电池制造厂广告　忻礼良 /20 世纪 30 年代

姑 嫂 选 笔
GU SAO XUAN BI

姑嫂选笔　忻礼良 /1964 年

十二生肖圖

邵靓云 （1914—1984）

女，原名云裳，江苏常熟人。上海市美术家协会会员。现代画家，擅长中国画和西洋画。

自幼嗜好诗文，17岁就读于常熟县立女子中学。旋与水彩画家李咏森结为伉俪，婚后相偕来沪定居，在李咏森的影响下，渐爱绘事。后师从李咏森的好友、花鸟画家江寒汀学画，又入新华艺术专科学校深造。1941年毕业后与李咏森在大新公司画厅举办夫妇联合画展，此后以鬻画为生。1948年，任苏州美术专科学校沪校中国画专修科教师。1954年，被聘为上海画片出版社特约作者。1958年，上海画片出版社并入上海人民美术出版社，转而被聘为上海人民美术出版社特约作者。创作有新国画《农民翻身生活好》，月份牌年画《我们也要储蓄》《相思树》《营火晚会》等。1958年起，先后在上海轻工业学校美术专业、同济大学建筑系、上海市工艺美术学校兼课任教。晚年醉心于水彩画创作。

相思树　邵靓云、吴哲夫 /1954 年

相 思 树

XIANG　SI　SHU

（一）东周时代，宋国乡村有两个兄弟，男的叫韩朋，女的叫贞夫，相亲相爱，凑巧结为一对小夫妇。

（二）成年后，他们达到了结婚的愿望。洞房新婚之夜，两人相亲相爱，宜室宜家。

（三）宋王韩朋突然接到朝廷的宋康王出征的命令，被征入伍。贞夫每逢望月涂遥望，不知何时再见出征人。

（四）宋王打了胜仗，班师回朝，贞夫挂佳韩朋出征，宋王见贞夫美貌，非常喜欢，命近臣梁伯强抢贞夫入宫。

（五）宋王以杀戮韩朋来威胁贞夫，她假作允许宋王，要求与韩朋一见。

（六）在青陵台上，贞夫见到韩朋，韩朋表示不服清要求生，贞夫也写了血谱，誓死不从宋王。韩朋见逢书，自缢台下，贞夫亦跳台自杀，夫妻双双殉难，表现了坚贞不屈的意志。

（七）韩朋与贞夫均反抗封建暴君的专制淫威，牺牲了宝贵的青春和生命。宋王将他们分葬两处。可是，后来墓上各生一树，枝杆相抱，象征着入永远的结合，后人称为相思树。

滑　冰
HUA　BING

中 苏 兒 童 在 一 起
ZHONG　SU　ER　TONG　ZAI　YI　QI

$\dfrac{1}{2}$ 3

1. 滑冰　邵靓云 /1958 年

2. 中苏儿童在一起　邵靓云 /1958 年

3. 我们也要储蓄　邵靓云 /1960 年

我們也要儲蓄

吴哲夫

生卒年不详。上海市美术家协会会员。早年进稺英画室学习。1954年，被聘为上海画片出版社特约作者。1958年，上海画片出版社并入上海人民美术出版社，转而被聘为上海人民美术出版社特约作者。月份牌年画代表作有《春香传》《小马灯舞》《英雄向秀丽》《不让它吹倒》《雷锋叔叔讲革命故事》等。

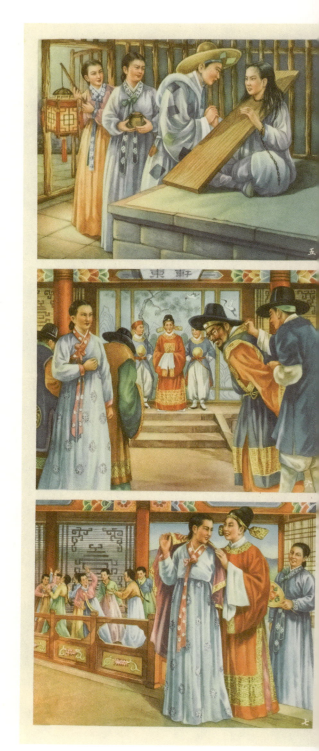

春香传　吴哲夫、黄子希、王柳影 /1958 年

朝鲜全罗道南原府幕，
是一个风景明丽的地
方，她在广寒楼前，有一
天，她在广寒楼前游春，
遇到南原府使的儿子李梦龙，两
人一见倾心，互
相有爱慕之心。

（二）当天晚上，李梦龙把
春香接到家里来访。春香的
母亲见他年轻风流，和一
般的官家子弟不同，欣
然把春香许配给他，两
人定了白头之约，依
依不舍地分别了。

（三）不久，李梦龙的父亲要调
任汉阳，命李梦龙伴母随行，但
李梦龙不忍把春香抛下，
春香坚决地反抗。李梦
龙只得和春香订了后会之期，
依依不舍地分别了。

（四）三年以后，新任使道卞学
道到任，听说春香是南原府最美的
姑娘，就设势强迫她作妻，
春香坚决不从。卞学道当堂把
她重打了一顿，关进监牢。

（五）这时候，李梦龙已做了皇家
御史。他为了了解民间疾苦，一
路私行察访，途中听到春香被卞
学道迫害的消息，连忙赶到南原，
夜入监牢里探望春香。

（六）李梦龙意明
了卞学道贪污百
姓，立刻把他的
乌纱帽摘下，会审杖法的
罪行，就把他撤职查办。

（七）春香坚贞不屈的意
志，得到当地人们的称
赞，年轻的姑娘们，唱
着歌，跳着舞，庆祝这
一对美满夫妻的团圆。

英雄向秀丽
YING XIONG XIANG XIU LI

江风 （1915—2004）

原名江鸿来，浙江宁波镇海人。早年曾入稚英画室学习绘画。1954年，被聘为上海画片出版社特约作者。1958年，上海画片出版社并入上海人民美术出版社，转而被聘为上海人民美术出版社特约作者。同年，调入宁夏人民出版社工作，后转入银川市美术公司。1962年病退回沪。晚年致力于水彩画的研究和创作。年画作品有《宣传爱国卫生运动》《祝你立功回来》《发展体育运动 增强人民体质》《友谊花朵处处开》《请叔叔交还失主》《读好书 学好样》等。

友誼花朵处处开　江风 /1957 年

发展体育运动 增强人民体质　江风/1958 年

读好书　学好样　江风 /1965 年

陆泽之 （1915—?）

江苏无锡人。金梅生入室弟子。1954年，被聘为上海画片出版社特约作者，1956年进入该社梅生画室学习。1958年，上海画片出版社并入上海人民美术出版社，转而被聘为上海人民美术出版社特约作者，后转为该社创作干部。月份牌年画代表作有《草船借箭》《信陵君》《打渔杀家》《苏武牧羊》等。

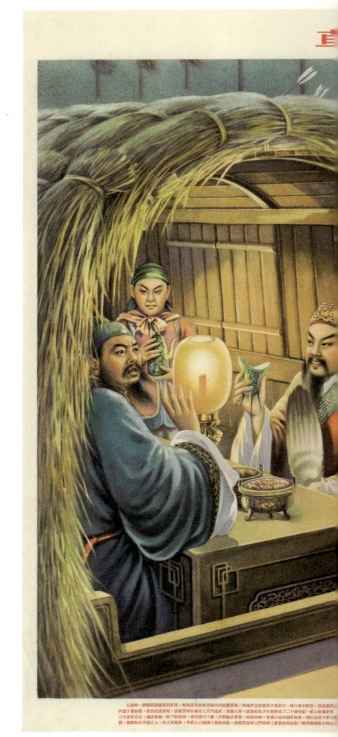

草船借箭　陆泽之/1955年

船借箭

陆泽之 作

1 | 3
---
2 |

1. 信陵君　陆泽之 /1955 年
2. 苏武牧羊　陆泽之 /1958 年
3. 打渔杀家　陆泽之 /1979 年

打渔杀家

根据同名京剧编绘。萧恩以打渔为业，累次受渔霸欺压，忍无可忍，下决心反抗。图上画的是萧恩和他的女儿前往复仇的一幕。

孙志殷 （1915—?）

出生于浙江定海（今属舟山），后居上海。民国时期月份牌画家。曾在裕华烟草公司任职，从事月份牌广告画绘制和广告设计工作。1954年，被聘为上海画片出版社特约作者。1958年，上海画片出版社并入上海人民美术出版社，转而被聘为上海人民美术出版社特约作者。年画作品有《空城计》《屈原》《荡湖船》《学走路》等。

翩翩起舞　孙志殷 /20 世纪三四十年代

体态娇憨　孙志殷 /20 世纪三四十年代

空　城　計

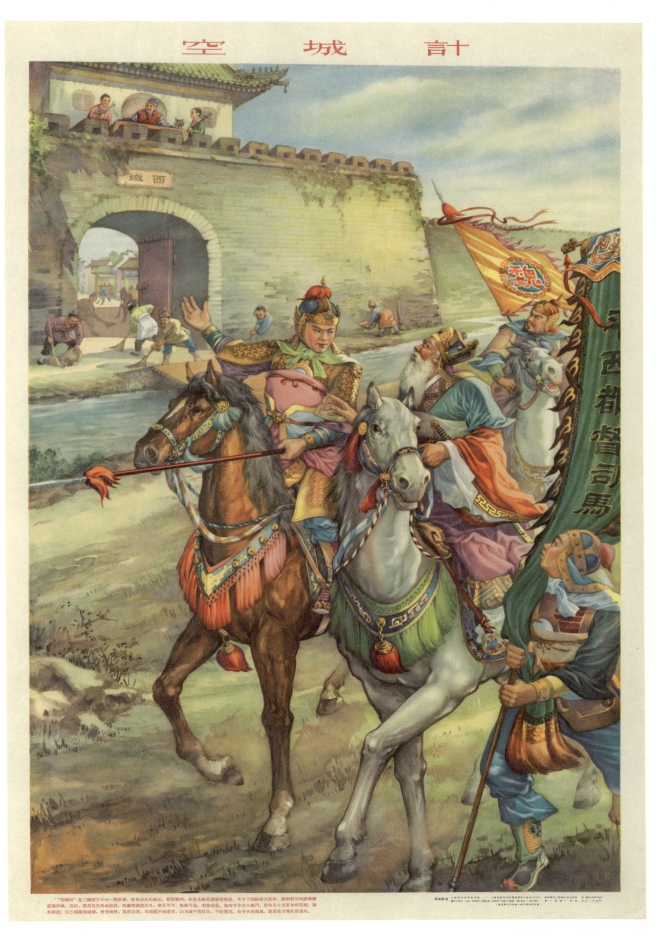

空城计　孙志殷 /1956 年

邵克萍 （1916—2010）

浙江宁波镇海人。自幼习画，早年曾求学于上海白鹅绘画补习学校（由陈秋草创办）。

1940年，开始创作木刻版画。1946年，在上海参加了抗战八年木刻展的筹备工作。1947年，当选为中华全国木刻协会理事。1949年，参与了上海美术工作者协会的筹建工作，当选为委员，并担任组织部副部长。后调至华东文化部从事年画、连环画改革工作。1954年调入华东美术家协会后，长期从事美术创作、学术研究与美术展览的组织工作。邵克萍创作了不少描绘新中国人民的创造性劳动和新生活的作品，不少作品在思想内容和艺术技巧上达到了相当高的水平，如《不让它吹倒》（与吴哲夫合作）、《拾到五分钱》（与忻礼良合作），其中，《不让它吹倒》荣获第三届全国年画评奖二等奖。

不让它吹倒　邵克萍、吴哲夫／1963年

不让它吹倒

孟慕颐 (1917—2006)

原名孟树诚，字承如，浙江海宁人，杭穉英的姨表弟。中国美术家协会会员。1936年，进入穉英画室学月份牌广告画，同时在上海白鹅绘画补习学校学西洋画。1942年，去苏北参加新四军，在第一师第一旅服务团漫画木刻组工作。1943年回到上海，在穉英画室从事工商美术设计工作。1952年，参加上海市文化局组织的年画小组，后被聘为上海画片出版社特约作者。1958年，调宁夏人民出版社任美术编辑。1971年，调宁夏回族自治区展览馆工作。孟慕颐擅长月份牌年画，作品有《听志愿军叔叔讲故事》《梦幻曲》等。

少 年 生 物 學 家

聽 志 願 軍 叔 叔 講 故 事

王柳影 （1917—2004）

浙江湖州人。上海市美术家协会会员，上海市文史研究馆馆员。自幼即喜研究绘画，师从画家龚步青学习人像画数年。早年从事工商美术设计工作，擅长图案画、广告画。1936年，任中国工商业美术作家协会干事。1940年后，师从郑午昌，为入室弟子，转向国画，善人物、山水、花鸟、走兽，尤好绘金鱼。1947年，任上海市画人协会常务理事及上海美术茶会干事。20世纪40年代后期，与夫人陈素云创办柳影美术研究社，承接商业广告设计、月份牌广告画稿绘制业务。同时还创立了亲爱集团结婚社，提供婚庆服务，夫妇俩合作设计的"龙凤证书"风靡一时。1950年，被聘为苏州美术专科学校沪校国画专修科教授。1954年，被聘为上海画片出版社特约作者。1958年，上海画片出版社并入上海人民美术出版社，转而被聘为上海人民美术出版社特约作者。月份牌年画作品有《锻炼身体 保卫祖国》《屈原》《十二月花神舞》等，出版有《美术字速成作法》《应用新图画》等。

新春牛图　王柳影 /1961 年

1. 开到北京去见毛主席　王柳影、黄子希 /1955 年

2. 十二月花神舞　王柳影 /1958 年

3. 春耕图　王柳影 /1965 年

水上射击

鍛煉身体
DUAN LIAN SHEN TI

双杠

英雄战士身体强，运动场上称健将，
国防体育常锻煉，保衛祖国有力量。

保衞祖国

BAO WEI ZU GUO

锻炼身体 保卫祖国 王柳影/1955 年

张大昕 (1917—2009)

号水谷，艺名张逸，上海川沙江镇人。上海市美术家协会会员，上海市文史研究馆馆员，曾任上海市卢湾区政协委员。1933年，在徐家汇天主教堂师从意大利雕塑家赫伯特学习油画和雕塑。1934年，毕业于上海美术专科学校。1936年，拜金梅生为师，学习商业美术，尤工商标图案和仕女画。1939年，拜郑午昌为师，学习国画，山水、人物、走兽均擅长。1951年，拜贺天健为师，专攻宋元明清传统山水画。1954年，被聘为上海画片出版社特约作者。1958年，上海画片出版社并入上海人民美术出版社，转而被聘为上海人民美术出版社特约作者。1959年，入职上海人民美术出版社从事年画创作。年画作品深受群众喜爱，有《咯咯鸡》《穿木珠》《宝宝看画报》等，其中，《咯咯鸡》荣获第三届全国年画评奖三等奖。

$\dfrac{1}{2}$ 1. 穿木珠　张大昕 /1958 年

2. 咯咯鸡　张大昕 /1962 年

穿　木　珠
CHUAN　MU　ZHU

咯　咯　鸡
KA　KA　JI

我们的花房
WO MEN DE HUA FANG

1 | 2   1.我们的花房　张大昕 /1958 年
2.捕鱼　张大昕 /1961 年

捕 魚
BU YU

黄子曦 (1918—1991)

字子希，出生于福建福州。中国美术家协会会员，上海市文史研究馆馆员。1934年，考进福州苍山荻芦庵画室，拜蔡鹤汀、蔡鹤洲、赵凤翔为师。后跟随老师从福州来到上海，在上海大舞台做舞台布景设计。1941年，随中华剧团赴东南亚巡演，因战事演出不顺，故以随身携带的几十幅国画作品开画展出售维持生活。抗日战争胜利后，27岁时经人介绍正式拜郑午昌为师，郑师亲笔为他的画题字出润格。1955年起，在上海越剧院从事舞美设计工作，舞美作品有《梁山伯与祝英台》《西厢记》《追鱼》等。黄子曦擅长中国画、连环画、年画，与王柳影、华西岳等多次合作月份牌年画，作品有《铁扇公主》《西施浣纱》《水到渠成》等。美术作品曾多次参加国内画展，并先后应邀在日本、新加坡等国举办个人画展。作品《入社》被选送全国画展，继又被选送去莫斯科参加国际画展，原作已被中国美术馆收藏。著有画册《猛虎百态》等。

咱們社里來了好幫手

咱们社里来了好帮手　黄子希 /1956 年

1	2
	3

1. 铁扇公主　王柳影、黄子希 /1957 年

2. 槐荫结合　黄子希、王柳影 /1958 年

3. 水到渠成　王柳影、黄子希 /1961 年

槐 蔭 結 合
HUAI YIN JIE HE

水 到 渠 成
SHUI DAO QU CHENG

魏瀛洲 (1918—2014)

浙江余姚人。上海市美术家协会会员。曾入肇芳画室，师从金肇芳学习月份牌广告画。1954年，被聘为上海画片出版社特约作者。1958年，上海画片出版社并入上海人民美术出版社，转而被聘为上海人民美术出版社特约作者。年画代表作有《爸爸上工我们上学》《国庆节的早晨》《帮妈妈做事》等。

国庆节的早晨　魏瀛洲 /1959年

国 庆 节 的 早 晨

GUO QING JIE DE ZAO CHEN

1 | 2　　1. 打渔杀家　魏瀛洲 /1954 年

2. 老公公走好　魏瀛洲 /1963 年

谢慕莲 (1918—1985)

笔名谢慕连，浙江余姚人。中国美术家协会会员。少时读私塾，后来沪随其三叔谢之光学习月份牌广告画。1938年至1949年，先后在上海克劳来广告公司、新一行广告公司从事广告画设计。新中国成立后，独立从事月份牌年画创作，先后被聘为上海画片出版社、上海人民美术出版社特约作者。擅长古典戏曲题材，风格精细、明朗，讲究服饰质感。月份牌年画代表作有《李香君》《珍珠塔》《柳毅传书》《天女散花》《霸王别姬》等。1984年，荣获第三届全国年画评奖年画作者奖。

天女散花　谢慕连 /1961 年

天 女 散 花
TIAN NÜ SAN HUA

珍珠塔

珍珠塔 谢慕连 /1962 年

霸王别姬

楚汉失和，项羽与刘邦交战，兵败，被围垓下。
他的妃子虞姬歌舞劝酒酒，为项羽解愁。

霸王别姬　谢慕连 /1981 年

徐飞鸿 (1918—2000)

浙江鄞县（今属宁波）人。擅长年画、剪纸。中国美术家协会会员，上海市美术家协会会员，上海民间文艺家协会会员，曾任中国剪纸学会顾问。1938年在延安抗日军政大学学习，1940年在七月剧社担任美术干部。曾任晋察冀画报社记者、中国美术供应社美术设计。1953年进入华东人民美术出版社，历任华东人民美术出版社、上海画片出版社编辑，上海人民美术出版社年画宣传画编辑室副主任。与月份牌画家杨馥如、魏瀛洲等合作创作过多幅富有装饰性的年画作品，在作品立意构思方面起到了主要作用。1984年，荣获第三届全国年画评奖年画编辑工作奖，与杨馥如合作的《万象更新喜迎春》荣获第三届全国年画评奖二等奖。

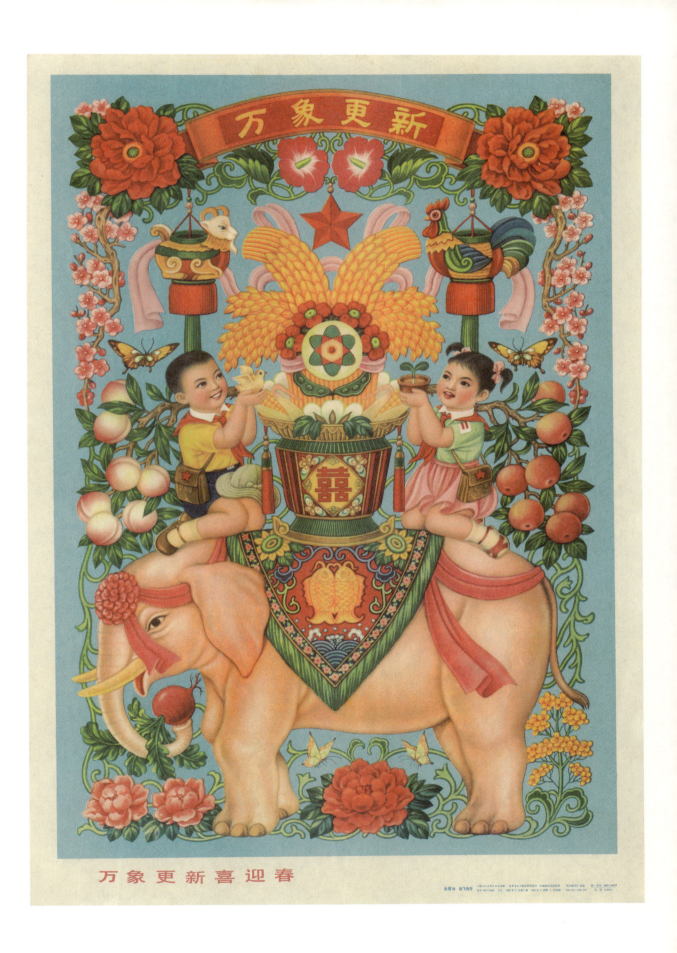

万象更新喜迎春　杨馥如、徐飞鸿／1981 年

双鱼吉庆新年好

百年好合

福寿康乐

杨馥如 (1918—1992)

字毓琨，出生于江苏无锡书画世家。自幼随父亲杨光熙学画，1935年考入上海白鹅绘画补习学校，毕业后受聘于上海旦公艺术画社，任绘图员。两年后辞聘，在沪开设馥如画室，专事广告设计，间或接些书画、扇面创作业务。抗日战争期间，以"何其美"为艺名，独立创作月份牌广告画。抗日战争胜利后，进艺辉画片商店，任设计室主任，专门制作月份牌广告画。创作的娃娃月份牌尤其受广大农村读者的喜爱。新中国成立后，移居无锡从事年画创作。1954年，被聘为上海画片出版社特约作者。1958年，上海画片出版社并入上海人民美术出版社，转而被聘为上海人民美术出版社特约作者。创作了《庄稼壮大娃娃胖》《大公鸡》等多幅现代题材的月份牌年画。1955年加入中国农工民主党，1962年成为江苏省美术家协会会员、无锡市文联委员、无锡市政协委员，1964年成为中国美术家协会会员。1969年，全家被下放到苏北农村。1972年，被建湖县文化馆聘用，传授插笔水彩画技法，1978年返回无锡。退休后，仍从事月份牌年画创作。

丽质天生　杨馥如 /20 世纪 40 年代

庄 稼 壮
ZHUANG JIA ZHUANG

种瓜得瓜，种豆得豆，　娃娃壮健，五谷丰收；
集体生产，大家享受。　幸福生活，如水长流。

大娃娃胖
DA WA WA PANG

庄稼壮大娃娃胖　杨馥如 /1955 年

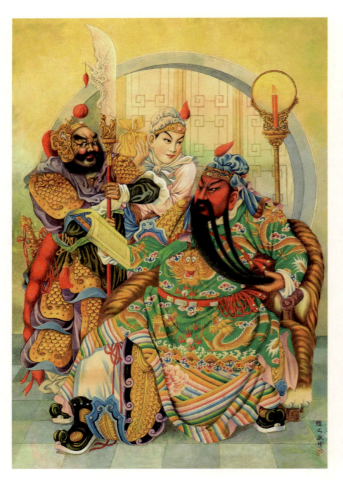

1 | 2 | 3   1. 夜读春秋　杨馥如 /20 世纪 40 年代

2. 好玩的泥娃娃　杨馥如 /1956 年

3. 大公鸡　杨馥如 /1978 年

大 公 鸡

徐寄萍 (1919—2005)

上海人。金梅生入室弟子，亦为金梅生的女婿。上海市美术家协会会员。1954 年，被聘为上海画片出版社特约作者。1958 年，上海画片出版社并入上海人民美术出版社，转而被聘为上海人民美术出版社特约作者。1959 年，进入上海人民美术出版社从事月份牌年画创作，后又转为特约作者。月份牌年画作品有《养兔》《给解放军叔叔送水》《学雷锋做好事》《帮妈妈做事》等，其中，《帮妈妈做事》荣获第三届全国年画评奖三等奖。

养
YANG

兔
TU

养兔　徐寄萍 /1960 年

助人为乐
ZHU REN WEI LE

虎口救羊群
HU KOU JIU YANG QUN

学雷锋做好事

俞微波 （1920—1996）

浙江舟山人。上海市美术家协会会员。自幼酷爱美术，少年时期到上海的印刷厂当学徒，学习刻版工艺，青年时期就读于苏州美术专科学校，师从颜文樑学习西画，1942年毕业后从事商业美术设计工作。1947年，与丁悚、孙雪泥、庞亦鹏、杭稺英、李慕白、金雪尘等30余位画家共同发起成立艺联广告设计股份有限公司。1954年，被聘为上海画片出版社特约作者。1958年，上海画片出版社并入上海人民美术出版社，转而被聘为上海人民美术出版社特约作者。年画代表作有《毛主席说出我们心里的话》《苏联杂技表演》《女拖拉机手》《三顾茅庐》《开山筑路架桥梁》《劳模会上的好姊妹》《回荆州》《岳飞》等。

英勇歼敌 俞微波 /20世纪40年代

开 山 筑 路 架 桥 梁

开山筑路架桥梁　俞微波 /1956 年

岳飞　俞微波/1963 年

刘王斌 （1921—2022）

湖南攸县人。副编审，上海市美术家协会会员。自幼喜爱画画，1950年随老乡来上海，到上海三联书店开始创作连环画。1952年，进入上海市文化局举办的连环画工作者学习班学习，成为华东人民美术出版社特约作者。后进入新美术出版社、上海人民美术出版社任创作员，从事连环画创作，前后创作了30余本连环画。1976年后改画月份牌年画，画风朴实。在《荷花童子舞》里，刘王斌精心地描绘了两位活泼可爱的儿童在徐徐绽开的荷花中翩翩起舞的情景，画面充满着生命活力。而《娃娃狮凤图》则采用传统表现手法，用凤凰、狮子和男童、女童组成画面，寄托着人们的美好愿望，期盼着下一代的少男少女，个个都像凤凰一样美丽，像狮子一样健壮。

荷花童子舞　刘王斌 / 1981 年

荷花童子舞

鲤鱼跳龙门

鲤鱼跳龙门　刘王斌 /1982 年

娃 娃 狮 凤 图

娃娃狮凤图　刘王斌／1984 年

陈飞　生卒年和生平不详。上海画片出版社、上海人民美术出版社特约作者。月份牌年画代表作有《上海市第一百货商店》《祖国强大的国防力量》《"五一"节的上海外滩》等。

白蛇传　陈飞 /1955 年

1. 祖国强大的国防力量　陈飞 /1955 年

2. 上海市第一百货商店　陈飞 /1955 年

1. 苏联经济及文化建设成就展览会　陈飞 /1955 年

2. "五一"节的上海外滩　陈飞 /1956 年

之光梅生慕白画室成立纪念　一九五六年八月廿五日

薪火相传
后继有人

之光、梅生、慕白画室成立纪念

20 世纪 50 年代，老一辈月份牌画家都已四五十岁，为了月份牌这个画种的延续与发展，为了培养上海月份牌年画接班人，在朱石基的积极倡导下，上海画片出版社推出了一个重大举措，于 1956 年成立了以三位老月份牌画家名字命名的画室：之光画室、梅生画室、慕白画室。梅生画室的学员有来自陈盛铎现代画室的王伟戌、孟光集体画室的姚中玉，金梅生原有的入室弟子张大昕、陆泽之、徐寄萍、黄宝荪、金培庚，以及上海画片出版社年画编辑室的沈家琳。之光画室的学员有来自陈盛铎现代画室的马乐群，孟光集体画室的黄妙发、范振家。慕白画室由李慕白和金雪尘共同执教，学员有来自哈定画室的庞卡、孟光集体画室的郑波、陈秋草新中国画室的范林根。上海画片出版社为此投入了不小的财力、物力和精力。当时三个画室设在徐家汇建国西路一座三层洋房内，环境幽静，光线柔和，很适合作画论学。

画室的学习氛围极好，四位老师认真教，学员用心学。先学擦笔，擦笔过关了，才是水彩着色的学习。一名老师带三至四名学员。师从谁，就以谁的画风为主，但也可学其他老师之长，完全没有门户之限，所以学员学得很舒心。四位老师都是带着各自的画稿，边绘制边教学。这样，学员们可仔细地观察这个画种技法的全过程。

画室不仅传授月份牌年画技艺，同时还注意提高学员艺术修养，聘请了沪上名家前来授课教学：请张充仁教人体解剖，请颜文樑教透视，请花鸟画家江寒汀、唐云、张大壮教花鸟画，请山水画家张石园、应野平、俞子才教山水画，请水彩画家哈定教水彩画，还组织学员一起赴苏州灵岩山写生。

1958 年，画室的两年学习结束后，上海画片出版社也并入上海人民美术出版社。三个画室"毕业"的学员作为上海月份牌年画的一支新生力量，成为上海人民美术出版社年画宣传画编辑室的年画创作人员。自此，新老月份牌画家倾心创作了大量具有一定思想性和艺术性，群众喜闻乐见的月份牌年画，开启了月份牌年画的鼎盛时期。

基鸥强家伟仙芳铭义时琳玉庚清群根戌卡荪发标忍辉明明廷青红

石郑振世菊时文鸣家中培性乐林伟宝妙锦尚显建德献路

朱郑陈范俞陈汤金杨杭沈姚金吴马范王庞黄黄张谭江杨章陆韦张

朱石基 （1922—2000）

曾用名朱士基，别名朱重一，湖北武昌（今属武汉）人。擅长年画、中国画。中国美术家协会会员，曾任中国出版工作者协会年画研究会顾问、上海市美术家协会理事。1942年就读于重庆国立艺术专科学校（中国美术学院前身）。1945年参军，在新四军从事美术宣传工作。新中国成立后，任南京文工团支部书记兼政治指导员。1952年，调华东军政委员会文化部艺术处负责年画、宣传画创作的组织工作。1954年，任上海画片出版社编辑部副主任。1958年，任上海人民美术出版社年画宣传画编辑室主任、编审。1984年，荣获第三届全国年画评奖荣誉奖。

朱石基一生主要从事年画的编辑、组织和调查研究工作，发表了《怎样认识和掌握年画特点》《上海"月份牌"年画的今昔》等文章，毕生为月份牌年画的发展和建设不懈努力，并做出了杰出的贡献。

年年有余　朱石基 / 1979 年

郑鹍 （1926—2012）

出生于浙江瑞安白门。上海市美术家协会会员，中国艺术研究院文化市场研究中心特邀创作委员。自幼喜爱美术，小学时随三叔郑胜孚习水墨画，中学时从唐唯逸习书法、从许叔璜习篆刻。1946年高中毕业，以第一名的成绩考入国立艺术专科学校（中国美术学院前身）西画系，成为关良入室弟子。1949年毕业后参军，从军10年。1958年自朝鲜归来，转业到上海，在上海人民美术出版社从事美术编辑、创作工作，后任副编审。创作出版了水粉装饰画、工笔花鸟画、青绿山水画、月份牌擦笔水彩花鸟及人物年画近30种。主要作品有《早春图》《岳阳楼》《苍山极天图》《多喜图》《花月良宵》等。撰有《绘事铭》《艺贵创新——追忆关良老师几件事》等文章。离休后，在画了100多幅风格各异的工笔花鸟画后，又写成《我画工笔花鸟画》一文，全面介绍十来种颜料在一幅画上运用的经验，和交响乐相对应，称为"和彩画"，开拓了绘画的新视野。

多喜图 郑鹍/1984年

多 喜 图

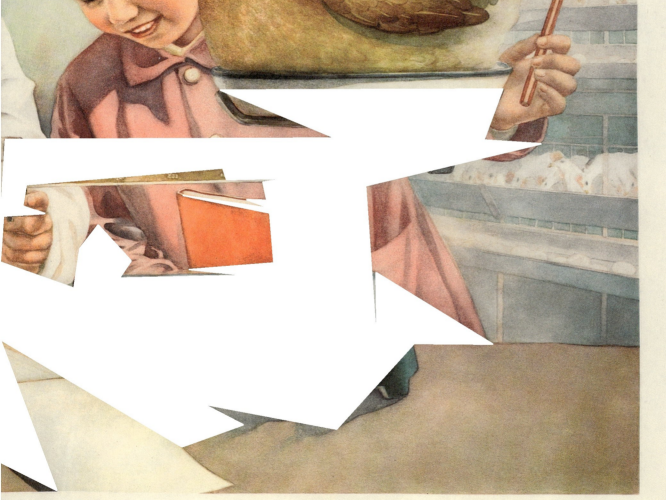

鸡壮蛋多

鸡壮蛋多　郑鹃 /1

陈强 （1927—2022）

浙江定海（今属舟山）人。1943年考入苏州美术专科学校，师从颜文樑、李咏森。1953年在江苏省文化局美术工作室任创作干部，其油画作品《荒地上的早晨》荣获江苏省青年美展一等奖。1956年进入上海画片出版社任年画创作组组长，1958年成为上海人民美术出版社年画组组长，后调入上海教育出版社任副总编辑。陈强有很强的写实能力，长期从事月份牌年画创作，画风细腻、朴实。

画壁画　陈强／1960年

祝贺英雄夺高产
ZHU HE YING XIONG DUO GAO CHAN

祝贺英雄夺高产　陈强 /1960 年

人勤年丰送粮忙

人勤年丰送粮忙　陈强 / 1963 年

范振家 （1927—1988）

浙江宁波镇海人。早年在孟光的集体画室学画，1956年考入上海画片出版社之光画室，学习月份牌擦笔水彩年画技法。后专职从事月份牌年画创作和编辑工作，为年画出版撰写有关文字。工作认真，作风严谨，兢兢业业为他人作嫁衣。平时抽空搞创作，画风细腻朴实。长期致力于月份牌的研究及史料的整理工作，曾花费大量精力，采访胡伯翔、金梅生、谢之光、李慕白、金雪尘等老月份牌画家，并做了详细记录。以"年欣"为笔名撰写出版了《上海月份牌年画技法》一书。1984年，荣获第三届全国年画评奖研究工作奖。年画作品以少年儿童题材为主，有《看金鱼》《你追我赶》《棋逢对手》《我给鹅儿洗个澡》《我和轮胎比高低》《爱清洁讲卫生》等。

将军当兵　范振家/1960年

将 军 当 兵

看金鱼 范振家 /1960 年

把海岛建成花园　俞世伟 / 1956 年

把海島建成花園

人民战士艺如钢,德国保家守海防,
精裁鲜花千万种,海岛处处散芬芳。

陈菊仙 （1929—2023）

女，浙江温州人。中国美术家协会会员，上海市美术家协会会员。1953年毕业于中央美术学院华东分院（中国美术学院前身），毕业后入职上海人民美术出版社，从事年画、宣传画、连环画等的创作工作。陈菊仙专注于年画创作40余年，继承和发扬了传统年画样式，为新中国年画的创新和普及、拓展新时代人们喜闻乐见的年画题材和艺术形式，做出了自己的贡献。与吴性清合作的《个个争当小雷锋》荣获第三届全国年画评奖三等奖，独立创作的《共同富裕万家乐》荣获第四届全国年画评奖三等奖。著有《年画述要》，1989年由上海人民美术出版社出版。退休后创作热情仍然不减，将长期积累的年画功底融入绘画创作，创作并发表了许多深受人们喜爱的画作。

西园记 陈菊仙/1981年

西园记

襄阳才子张继华，游学杭州，偶入西园。园主赵礼的义女王玉真正在红楼采摘梅花，失手花落，悼在张的额上，张误以为姑娘有意送花给他。后来经过一段曲折的经历，两人结为夫妇。此画描绘西园主人赵礼的义女王玉真正在楼上折梅的一个场景。

1 | 2
—————
　　3

1. 喜盈门　陈菊仙 /1982 年

2. 我们是祖国的希望　陈菊仙 /1985 年

3. 长大了保卫祖国　陈菊仙 /1983 年

我们是祖国的希望

长大了保卫祖国

汤时芳 （1929—?）

浙江海宁人。20世纪40年代进入稺英画室学习月份牌广告画。新中国成立后，先后任上海文化广场、上海美术设计公司美工。曾创作出版过《和平签名》《农村读报组》《刘海砍樵》等月份牌年画，其中，《刘海砍樵》入选上海人民美术出版社出版的《十年来上海年画选集》。

刘海砍樵　汤时芳 / 1957 年

刘 海 砍 樵

"刘海砍樵"是一出湘剧南民间流行的花鼓戏。佛教青年贫民刘海每天上山砍柴：山上有个狐狸精，
爱他勤劳勇敢，化成胡大姐，表示愿意嫁给他做老婆，并期接他一起回家种结婚，侍奉他的老母，于是他
们便请"柳树为媒山作证"，结为夫妇。这幅画就是描绘她俩成了夫妇后欢天喜地一同回家劳作的情形。

潘村发作　上海人美出版社发行　　上海书画出版总店批发量办理国内外订购　敬请垫请上海长兴印刷厂
编号（18-031·2张）1982年8月新1版·1982年8月新3次印刷　规格——280285　上海市新华——厂印刷
（潘村发作样画样——潘村发作学生室）　第一编号1685--152
定价：一角七分

金铭 （1930—2016）

浙江宁波镇海人。擅长水彩画、年画。年轻时在时代画室习画，1956年考入上海画片出版社，从事编辑工作。历任上海画片出版社、上海人民美术出版社创作干部。1961年以后从事月份牌年画创作。后侨居美国。月份牌年画作品有《大红花献英雄》《迎接公社满城春》《苏小妹考新郎》等。

大红花献英雄
DA HONG HUA XIAN YING XIONG

大红花献英雄　金铭 / 1960 年

迎接公社满城春　金铭 /1960 年

苏 小 妹 考 新 郎

北宋著名文学家苏东坡之妹苏小妹与诗人秦少游结为夫妇。新婚之夜，小妹出了三道考题，以试新郎之才学，并声称如考不出，不准进洞房。前两道，少游都顺利地作答。最后一道试题为"闭门推出窗前月"，秦少游苦苦思索，一时竟情不对仗句以致下联，东坡见状，暗地坐投石于水地，启发联想，少游触动灵机，对出下联为"投石冲开水底天"，此画描写少游进得洞房，夫妻二人切磋试卷，互致钦佩之意。

杨文义 （1930—2023）

出生于上海，浙江慈溪人。1949 年考入上海美术专科学校，1954 年毕业于华东艺术专科学校（南京艺术学院前身），分配到少年儿童出版社从事美术编辑、封面装帧设计、书籍插图绘制、低幼连环画绘制等工作。1956 年画的油画《监视》入选上海市青年美展，并获二等奖。1980 年起从事月份牌年画创作，独立及与丈夫沈家琳合作出版了 30 多幅年画。个人作品有《吉庆有余》《小小建筑师》《游湖借伞》《民族英雄郑成功》《幸福康乐》等，其中，《小小建筑师》入选第六届全国美展，并荣获第三届全国年画评奖三等奖。与沈家琳合作的作品有《今天我值日》《我们的校园多美丽》《连年有余》《卖水》《考考你》《娃娃嬉鹦鹉》《新年快乐》等。

连年有余　杨文义、沈家琳 /1982 年

小小建筑师

1 | 2 | 3　　1. 幸福康乐　杨文义 /1984 年

　　　　　　2. 小小建筑师　杨文义 /1986 年

　　　　　　3. 新年快乐　杨文义、沈家琳 /1984 年

杭鸣时 （1931—2023）

出生于浙江海宁，又名杭度，杭稚英之子。擅长月份牌年画、粉画。中国美术家协会会员。曾任中国美术家协会水彩画（含粉画）艺委会副主任，全国水彩、粉画展评委，苏州市文联名誉委员，苏州市美术家协会名誉主席。1950 年，在稚英画室随李慕白、金雪尘习画及工作，同年加入中华全国美术工作者协会上海分会（上海市美术家协会前身）。1952 年考入东北鲁迅艺术文学院（鲁迅美术学院前身），1955 年提前毕业后留校任教，1985 年调入苏州城建环保学院（苏州科技大学前身）。前后从事美术教育工作 40 余年。20 世纪五六十年代，主要从事水彩画创作，多幅作品入选全国美展，并被中国美术馆收藏。70 年代至 80 年代初，着重创作了一批月份牌年画，有《草原铁骑》《丝路花语——反弹琵琶》《新麻姑献寿》等，并出版了《擦笔水彩年画技法》。同时，连续 14 年应邀前往辽宁、吉林、黑龙江、广西、安徽、四川等 10 多个省市出版社的年画作者培训班传授擦笔水彩月份牌年画技法，培养了一批年画创作骨干。80 年代起致力于中国粉画艺术的研究和复兴，做出了卓越贡献。粉画作品多次入选国内外艺术展并获奖。

草原铁骑　杭鸣时 /1965 年

草原铁骑
CAO YUAN TIE QI

丝路花语——反弹琵琶　杭鸣时 /1980 年

新麻姑献寿　杭鸣时 /1981 年

沈家琳 (1931—2023)

浙江宁波人。中国美术家协会会员，上海市美术家协会会员，上海市非物质文化遗产月份牌年画代表性传承人。曾任第七届全国美展年画评委、中国出版工作者协会年画艺委会副主任。1954年毕业于华东艺术专科学校（南京艺术学院前身），同年进入上海市出版局工作。1955年进入上海画片出版社，后随上海画片出版社并入上海人民美术出版社，历任年画创作组组长、年画宣传画编辑室副主任。创作出版了大量月份牌年画，其中，《做共产主义接班人》荣获第三届全国年画评奖二等奖，原作被中国美术馆收藏；《友爱》荣获第三届全国年画评奖三等奖。2011年出版了《沈家琳作品集》，2019年出版了《上海月份牌年画的历史沿革》。

做 共 产 主 义 接 班 人
ZUO GONG CHAN ZHU YI JIE BAN REN

做共产主义接班人　沈家琳 / 1965 年

玉兰树下

桃李飘香

敬爱我们的老师

青春赞歌 （党的好女儿张志新同志）

友爱

姚中玉 （1931—2021）

江苏南通人。上海市美术家协会会员。早年在孟光的集体画室学习。1956 年考进上海画片社梅生画室，学习月份牌年画。后在上海画片出版社、上海人民美术出版社工作，曾任年画宣传画编辑室副主任、摄影编辑室副主任。月份牌年画代表作有《交流球艺》《祖国我爱你》《宏碧缘》《爱劳动》等。

交流球艺　姚中玉 /1963 年

交流球艺
JIAO LIU QIU YI

祖 国 我 爱 你

宏 碧 缘

京剧《宏碧缘》写自小说《绿牡丹》中的故事，女侠花碧莲在江湖卖艺，大闹桃花坞巧遇侠骆宏勋，
丰邈慕宏勋相狂，两人相爱，订下婚约。后经历许多惊险之事，终于结成夫妻。本图所绘即两人重逢的一幕。

1
─
2

1. 祖国我爱你　姚中玉 /1981 年

2. 宏碧缘　姚中玉 /1982 年

爱劳动

爱劳动　姚中玉 / 1984 年

金培庚（1932—2022）

上海人，金梅生之子。上海市美术家协会会员。自幼深受父亲熏陶，喜爱绘画，一直跟随父亲学习。1954年，与父亲金梅生合作月份牌年画《猴儿鼓》，由上海画片出版社出版，后独立创作《樱桃甜》《好孩子》等月份牌年画作品。1956年，成为上海画片出版社梅生画室一员，系统学习美术知识、绘画技艺，提升了综合艺术水准，创作也渐入佳境。至1966年，已有《我们队里的好饲养员》《完成作业再游戏》《幼儿园真快乐》等近20幅作品分别在浙江、河北、天津等地出版社出版。"文革"期间，先后为上海工艺品进出口公司画油画，为上海美术设计公司设计包装。"文革"结束后再次迎来了新的创作高峰，至1984年，又创作出版了《自己事自己做》《武术》等10余幅作品。2020年，被认定为上海市非物质文化遗产月份牌年画代表性传承人。

猴儿鼓　金梅生、金培庚／1954年

1 | 2　　1. 自己事自己做　金培庚 /1979 年

　　　　2. 我们队里的好饲养员　金培庚 /1964 年

吴性清 (1932—2006)

江苏泰州人。中国美术家协会会员，曾任上海市美术家协会理事。1954年毕业于中央美术学院华东分院（中国美术学院前身）油画系，毕业后进入上海人民美术出版社，成为年画专职创作人员，后被评为副编审。吴性清是上海年画界一位出色的女画家。她重视深入生活，经常到农村、工厂、学校、幼儿园采风。创作时，她重视构思，构思巧妙是她年画创作一大特点；重视人物刻画，尤其重视人物的组合，给人以美的感受；重视色彩，更重视色调，极为注意局部色彩的丰富和整体色调的统一。作品《我们热爱毛主席》等被中国美术馆收藏，《阿姨您的钱包》荣获第三届全国年画评奖二等奖，与陈菊仙合作的《个个争当小雷锋》荣获第三届全国年画评奖三等奖。合作作品还有《胡笳十八拍图卷》《关汉卿名剧选》等。

好阿姨　吴性清/1960年

好 阿 姨

HAO A YI

爱清洁

爱清洁　吴性清 /1981 年

阿姨您的钱包

"阿姨，阿姨，钱包掉啦!
再见、再见，不用感谢。"

阿姨您的钱包　吴性清 /1982 年

马乐群（1933—2020）

出生于上海。副编审，中国美术家协会会员，上海市美术家协会会员，上海市非物质文化遗产月份牌年画代表性传承人。1949年在陈盛铎的现代画室学习绘画及西洋美术史等。又跟随李咏森学习水彩画，跟随颜文樑学习透视学和色彩学，打下了扎实的绘画基本功。1956年进入上海画片出版社之光画室学习月份牌年画。1958年，随上海画片出版社并入上海人民美术出版社，从事年画编辑创作工作。宣传画《人民不允许有浪费粮食的行为》荣获全国青年美展三等奖；年画《激流勇进》入选第四届全国年画展；月份牌年画《海防前线宣传员》入选全国美展并被中国美术馆收藏，《金杯红花传捷报》荣获第六届全国美展佳作奖，《跟我学》入选第七届全国美展。

满林红桔喜丰收　马乐群 /1960 年

胸怀祖国 攀登高峰　马乐群 /1961 年

金 杯 红 花 传 捷 报

金杯红花传捷报　马乐群／1984 年

范林根 （1934—2017）

江苏无锡人。早年师从陈秋草学习绘画。1956 年考入上海画片出版社慕白画室学习月份牌年画，1958 年随上海画片出版社并入上海人民美术出版社，从事年画创作，后转入上海美术设计公司工作。20 世纪五六十年代创作出版过多幅月份牌年画，有《丰收的喜悦》《选好种，多打粮》《爱祖国》《托儿所里宝宝乖 妈妈安心去生产》《女勘测队员》等。

丰收的喜悦
FENG SHOU DE XI YUE

丰收的喜悦　范林根／1960 年

托儿所里宝宝乖 妈妈安心去生产 范林根 /1963 年

爱祖国　范林根/1963年

王伟戌 （1934— ）

浙江鄞县（今属宁波）人。中国美术家协会会员，上海市美术家协会会员，上海市非物质文化遗产月份牌年画代表性传承人。曾任上海市美术家协会年画艺委会委员。早年在上海现代画室师从陈盛铎学习西画，具有扎实的素描、油画功底。1956 年进入上海画片出版社梅生画室，跟随金梅生学习月份牌年画。1958 年随上海画片出版社并入上海人民美术出版社，后任上海人民美术出版社年画宣传画编辑室主任、副编审。擅长领袖题材。月份牌年画代表作有《我们敬爱的毛主席》（荣获第三届全国年画评奖二等奖）、《飞机喷农药》、《迎春》等。

我们敬爱的毛主席　王伟戌/1961 年

我們敬爱的毛主席
WO MEN JING AI DE MAO ZHU XI

河塘小景　王伟戌／1960 年

迎 春

迎春　王伟戌/1980 年

庞卡 （1935—　）

又名庞抱俊，出生于上海，祖籍浙江吴兴（今属湖州）。中国美术家协会会员。父亲庞亦鹏是老一辈商业美术家。少年时即进入张充仁画室、哈定画室学习。19岁时即有作品入选全国美展和全国青年美展，获奖并出版。1956年考入上海画片出版社慕白画室，后随上海画片出版社并入上海人民美术出版社从事年画创作，创作了许多月份牌年画佳作。深受李慕白赏识，常与李慕白合作发表作品，亦与其父庞亦鹏合作创作多幅作品。年画《夜读》被中国美术馆收藏，《姐妹情深》荣获第三届全国年画评奖三等奖。1984年移居美国加州，运用月份牌擦笔水彩方法创作情景人体水彩画"加州少女系列"，新风格重彩画"女神系列""美女与野兽系列""荷塘系列"等，受到广泛欢迎。新作每年在美国春、秋两季的国际艺术博览会上展出，还应邀到美国各地画廊举办个人画展，影响广泛。

科研结硕果　庞卡/1979年

科 研 结 硕 果

姐 妹 情 深

京剧著名演员屏　　京剧著名演员屏　　京剧著名演员屏　　京剧著名演员屏

京剧著名演员屏　李慕白、庞卡 /1982 年

黄宝荪 （1936— ）

出生于上海，江苏无锡人。父亲黄正卿曾创办华美图片社，1953年率领华美图片社积极参加公私合营，并入上海画片出版社。1955年，师从金梅生学画，成为入室弟子。1956年，进入上海画片出版社梅生画室学习月份牌年画，1958年结业后成为自由职业画家。1958年至1964年，为上海、辽宁、天津、安徽、浙江等地出版社创作多幅月份牌年画。作品秉持金梅生画风，颇受群众欢迎。

课余劳动

黄葆荪作

课余劳动　黄宝荪/1959 年

1│2 　1.女民兵　黄宝荪/1959 年

2.盐碱变稻田　黄宝荪/1964 年

蚕花姑娘　黄宝荪 /1965 年

黄妙发 （1938— ）

别名年丰，江苏常熟人。中国美术家协会会员，上海市美术家协会会员，上海市非物质文化遗产月份牌年画代表性传承人。曾任上海市美术家协会理事、年画艺委会主任。早年在画家孟光的集体画室学画。1956年考入上海画片出版社之光画室，后随上海画片出版社并入上海人民美术出版社，在年画宣传画编辑室从事创作和编辑工作，曾任年画宣传画编辑室副主任、美术创作中心负责人，副编审。1984年，荣获第三届全国年画评奖年画编辑工作奖。作品有年画《丰收图》、《飞向美好的明天》、《喜临门》、《我爱中华》、《东风万里处处春》（荣获第五届全国年画评奖二等奖），《儿童》附捐邮票一套（两枚）等。

丰收图　黄妙发 /1961 年

丰 收 图
FENG SHOU TU

飞 向 美 好 的 明 天

飞向美好的明天　黄妙发 /1980 年

在母亲的怀抱里

在母亲的怀抱里　黄妙发/1990 年

张锦标 (1939—2015)

江苏射阳人。上海市美术家协会会员。1964年毕业于南京艺术学院油画系，后任职于上海人民美术出版社，从事年画创作和编辑工作。年画作品有《捷报传千里 喜讯暖万家》《科技新花》《四季花开春常在》《助人为乐》《太白醉酒》《考考你》等。其中，《助人为乐》表现的是少先队员"学习雷锋见行动"的场景，下雨了，一位少先队员及时为同学送来雨披和雨伞，事情虽小，却体现了高尚的"助人为乐"的雷锋精神。

太白醉酒　张锦标 /1982 年

太白醉酒

四季花开春常在

1 | 2　1.四季花开春常在　张锦标 /1980 年

2.助人为乐　张锦标 /1981 年

助人为乐

谭尚忍（1940—　）

上海人。上海市美术家协会会员，上海版画学会会员，上海市摄影家协会会员，上海民盟书画院画师，上海炎黄书画院画师。1964年毕业于浙江美术学院（中国美术学院前身），同年入职上海人民美术出版社，从事年画创作与美术出版物的编辑工作，曾任摄影编辑、年月历编辑室主任，副编审。油画、版画作品曾多次参加全国美展。

爱清洁　谭尚忍 /1982 年

福寿双全　谭尚忍 /1982 年

双喜盈门

双喜盈门　谭尚忍 /1984 年

江显辉（1943— ）

福建惠安人。1965年毕业于福建师范学院艺术系，后任职于上海教育出版社、上海人民美术出版社，曾任上海人民美术出版社副社长。2014年，主编、出版《百年风华——上海月份牌100年》。年画作品有《台湾儿女爱祖国》《友谊路上情谊深》《思亲曲》等。

思亲曲

月到中秋分外明，每逢佳节倍思亲。
台湾儿女爱祖国，山阻水隔不可分。

杨建明（1955— ）

浙江宁波人。中国美术家协会会员，上海市美术家协会连年儿童美术艺委会委员，上海市非物质文化遗产月份牌年画代表性传承人。1973年进入上海人民美术出版社，1974年开始从事月份牌年画创作。1988年进入上海大学美术学院美术设计系学习，同时继续留任上海人民美术出版社从事月份牌年画创作。

月明花香　杨建明／1987年

登 山

登山　杨建明 /1982 年

假日　杨建明／1982 年

章德明（1955— ）

出生于上海，江苏常熟人。中国美术家协会会员，上海市美术家协会理事、油画艺委会委员。1973年至1980年任上海人民美术出版社美术编辑、创作员。1984年毕业于中央美术学院。1999年至2014年任上海大学美术学院油画系主任、教授、博士生导师。作品入选第二届全国青年美展，第二届中国油画展，第八届、第九届全国美展，中国艺术大展——当代油画艺术展，上海美术馆当代美术作品展，上海美术进京展、香港巡回展，中华文明历史题材美术创作工程——中华史诗美术大展，观念＆知解力——当代艺术法国、英国、中国巡展上海站，精神·图式——首届中国写意油画双年展，历届上海美展及上海油画展等。1998年、2005年举办个人画展。油画《中共一大的一员虎将和一位学者——李达》《银色的梦》分别荣获庆祝建党70周年、庆祝上海解放50周年美术展二等奖。作品多次被国家级美术馆、博物馆、画廊及个人收藏。月份牌年画作品有《田园里的姑娘》《樱花盛开》《美好的明天》等。

田园里的姑娘 章德明 /1982 年

美好的明天　章德明 /1982 年

樱花盛开

樱花盛开　章德明 /1980 年

陆廷（1956— ）

出生于上海，江苏常熟人。1973 年进入上海人民美术出版社，1974 年开始从事月份牌年画创作。1988 年进入上海大学美术学院美术设计系学习，同时留任上海人民美术出版社从事月份牌年画创作。月份牌年画作品有《养兔好处多》《鹿壮春色》《为国争光》《少数民族舞蹈》《浣纱明月下》《手巧鲜花香》等。

少数民族舞蹈　陆廷 /1981 年

维吾尔族舞蹈

藏族舞蹈

蒙古族舞蹈

朝鲜族舞蹈

少数民族舞蹈

为国争光

手巧鲜花香

$\dfrac{1}{2}$

1. 为国争光　陆廷 /1980 年
2. 手巧鲜花香　陆廷 /1983 年

养兔好处多

鹿壮春色

浣纱明月下

韦献青（1956— ）

江苏常州人。中国美术家协会会员，上海市美术家协会会员，上海市美术家协会连年儿童美术艺委会委员，上海市非物质文化遗产月份牌年画代表性传承人。1973年进入上海人民美术出版社，1974年开始从事月份牌年画创作。1988年进入上海大学美术学院美术设计系学习，同时留任上海人民美术出版社从事月份牌年画创作。月份牌年画作品有《四化新标兵》《水漫金山》《我的小鸟》等，其中，《我的小鸟》荣获第四届全国年画评奖三等奖。

四 化 新 标 兵

四化新标兵　韦献青 /1979 年

快乐的节日

水漫金山

1	
2	3

1. 快乐的节日　韦献青 /1983 年

2. 神笔马良　韦献青 /1983 年

3. 水漫金山　韦献青 /1980 年

我的小鸟 韦献青/1989 年

张路红 （1956— ）

江苏泰州人。1973 年进入上海人民美术出版社，1974 年开始从事月份牌年画创作。1988 年进入上海大学美术学院美术设计系学习，同时留任上海人民美术出版社从事月份牌年画创作。后旅居美国。作品《学游泳》入选第二届全国青年美展，《在和平的阳光下》入选第四届全国年画展，《两小无猜》入选第七届全国美展。

跳个丰收舞

跳个丰收舞　张路红 /1979 年

1 | 2　　1. 两小无猜　张路红 /1991 年

2. 祖国万岁　张路红 /1983 年

祖 国 万 岁

祖 国 万 岁

后记

　　我与月份牌有那么点因缘。因父辈的影响，我从小喜爱画画。20 世纪 50 年代初，父亲兄弟俩在上海的一家戏院画舞台布景，业余时间偶尔在家里替人画炭精粉人像。1962 年，我上小学三年级的那年暑假，父亲开始教我画炭精粉人像。此后虽然没有继续画炭精粉人像，但那次也算是打下了素描的基础，我日后的人生道路因此受益匪浅。

　　1969 年，作为"老三届"的我去江苏省建湖县下乡插队落户，曾义务给村里年纪大的老乡画过不少炭精粉人像。同年，月份牌画家杨馥如先生全家从无锡下放到建湖县农村，县文化馆十分重视，1972 年特聘杨馥如先生到县文化馆工作，同时在全县范围内选拔了几名有美术基础的青年跟随杨馥如先生学习擦笔水彩年画。我由于具有美术特长，有幸被建湖县文化馆选中并录用。于是，我就开始跟着杨馥如先生学习擦笔水彩年画，学过的炭精粉画像的技法正好用上了，还曾画过两幅年画参加地县级的美术展览。几年后，我返城回到了上海，陆续在区文化馆、街道文化站任美工。之后进入外贸公司广告部门工作，因为工作需要做了专职摄影师，自此便很少再拿画笔，但对擦笔水彩年画一直心存惦念。

　　2010 年，认识多年的老朋友吴君平先生（月份牌名家周柏生的外孙、吴少云的儿子）知道我曾学过月份牌擦笔年画，便将外公周柏生用剩下的小半瓶英国炭精粉送给了我，我至今还珍藏着，总想什么时候空闲下来再重操画笔，重温旧梦。

　　这本《上海月份牌画家图典》的发起者是著名画家汪观清先生。2021 年 9 月，我陪同汪老去家乡安徽歙县徽州博物馆捐赠画作的途中谈及月份牌，汪老感慨颇深。他说老一辈的月份牌画家已去世了，还有几位同辈月份牌画家和知情的家人健在，也已届耄耋之年，抓紧时间尽可能将月份牌的一些历史资料记录留存下来，为海派文化的传承出点力是当务之急。于是，在汪老的鼓励下，我开始了这本图典的编写工作。

　　回沪后，汪老即介绍我认识了他多年的老朋友、老同事——87 岁高龄的月份牌画家王伟戌先生。王伟戌先生是月份牌名家金梅生的学生，从 1956 年起就从事月份牌年画的创作，有多幅优秀月份牌画作问世，《我们敬爱的毛主席》是他的代表作，当时几年间总印数达 2000 多万张。他曾任上海人民美术出版社年画宣传画编辑室主任，对月份牌的历史和发展，尤其是新中国月份牌年画的创新过程十分熟悉，同时保存了丰富的史料。

我们相见恨晚，相谈甚欢。之后，汪老还将此书推荐给了上海人民美术出版社出版，得到了上海人美社领导的支持，并指派了资深编辑康健先生指导编写。

在两年多的编写过程中，我们查阅了大量文献资料和相关著作，核实史料的准确性，搜集相关素材；同时，竭尽全力走访尚健在的画家和已过世画家的后人，就图典中画家的简介和所选作品交换意见。我们得到了画家及众多画家后人的一致欢迎和积极支持，他们为图典增添了不少珍贵的文字和图片素材，令人感动。

特别令人难忘的是，我只凭一个名字的线索，于今年5月初去苏州寻找92岁高龄的画家杭鸣时先生（月份牌名家杭穉英之子），得悉杭老因年迈体弱不便会客，我便托杭鸣时粉画艺术馆的叶蓓蓓馆长转达了来意。不久便收到杭老的来信，信中说："看了叶馆长转来您5月8日来信，得悉您和画家王伟戌先生正在编写《上海月份牌画家图典》一书，这是件大好事。您们为上海海派文化又做出了一份贡献，向您们致敬！"杭老还寄来了几本画册、家族文献资料和授权书。然而令人痛心的是，不到一个月的时间，却闻悉杭老不幸仙逝的消息。6月18日，我冒着大雨驱车前往苏州参加杭老的追悼会，数百人冒雨赶来参加告别仪式，场面令人动容。想到杭老在生命最后的日子里对我这位素未谋面的晚辈所给予的信任和支持，我深受感动，感怀于心。

此外，本图典的编印工作得到了上海世纪出版集团的重视和支持，也得到了上海市美术家协会、上海市文史研究馆、上海市图书馆、上海市档案馆、上海国际商品拍卖有限公司、雅昌文化集团、北京三才元通等单位的支持，在此一并致以最诚挚的谢意。

这本图典是目前收录人数最多、专门系统介绍上海月份牌画家的图文并茂的类辞典工具书，希冀它的出版对海派文化的传承以及月份牌的收藏和研究有所助益。但由于年代久远，信息匮乏，尚有一些画家的后人因毫无线索而无法取得联系，无法与之沟通核实并交换意见，如有瑕疵，请知情人指正，以便再版时予以完善。本人才疏学浅，编写过程中难免有谬误之处，恳请行家批评指正。

陈昌其

2023年10月于上海

图书在版编目（ＣＩＰ）数据

上海月份牌画家图典 ／ 王伟戌，陈昌其主编．－－ 上
海 ：上海人民美术出版社，2024.7
ISBN 978－7－5586－2881－8

Ⅰ．①上… Ⅱ．①王… ②陈… Ⅲ．①画家－生平事
迹－上海－画册 Ⅳ．① K825.72-64

中国国家版本馆 CIP 数据核字 (2024) 第 030773 号

本项目得到上海市非物质文化遗产保护专项资金支持

上海月份牌画家图典
总策划　侯培东
主　编　王伟戌　陈昌其

项目统筹　康　健
责任编辑　安志萍
技术编辑　王　泓
书籍设计　陈　楠
排版制作　施家欣
出版发行　上海人民美術出版社
地　　址　上海市闵行区号景路 159 弄 A 座 7F（邮编：201101）
网　　址　www.shrmbooks.com
印　　刷　上海丽佳制版印刷有限公司
开　　本　889×1194mm　1/16
版　　次　2024 年 7 月第 1 版
印　　次　2024 年 7 月第 1 次
印　　张　26.5
书　　号　ISBN 978－7－5586－2881－8
定　　价　298.00 元